Mais où pousse l'argent ?

Louise Parde

Sommaire

AVANT DE COMMENCER 7
    Gigot, Haricots, Eco 8

VARIATIONS SUR L'ARGENT (LE NÔTRE, LE LEUR, L'INVENTÉ, …) 13
    Genèse de l'oseille 14
    Panique au bureau de change 18
    La force des (devises) faibles 22
    6,55957 26
    Croître ou ne pas Croire (le PIB) ? 30
    Dette Publique Y a un Hic ? 35
    Trop, c'est trop mais c'est pas tout 39
    Politique Fiscale, Triviale ? 42
    Politique Monétaire, Élémentaire ? 45
    L'inflation La vie n'a pas de prix 49
    Un peu d'inflation, ça va ; Beaucoup, bonjour les dégâts 54
    Décrypter les bitcoins 59

LES BANQUES, CES MÉCONNUES..67

Banques commerciales - Un rendu pour un prêté 68

Ma banque peut-elle se planter ? (Risque de solvabilité) 72

Les banques, jusqu'à plus-soif... (Risque de liquidité) 77

Banques Centrales - Ça coule de (la) source 81

Petits arrangements entre amies 86

Petites arnaques entre amies - Le scandale du Libor 90

Recule, Recule... Les taux négatifs 94

On inspire, on s'étire, et on tient... Le QE..98

SEULS AU MONDE ?..105

Balance des Paiements Tout Compte Fait 106

Allez vas-y ! Balance (des Paiements) Tout ! 111

Les Réserves Officielles : des Noisettes pour l'Hiver 115

Comment (et pourquoi) attaquer une devise ?................................119

Allô Houston ? Passez-nous Washington ! (le FMI) 124

Qui e(s)t Qui fait Quoi ?..128

Bâle, Basel, Basilea ! 3 minutes d'arrêt !..133

AVANT DE NOUS DIRE ADIEU..139

Terminus ! Tout le monde descend ! 140

RÉFÉRENCES..145

AVANT DE COMMENCER

...

Gigot, Haricots, Eco

Ce n'est pas que j'aie l'esprit de compétition – tant que je suis la meilleure – mais je trouve tout de même vexant que seuls trois Français aient été honorés du « Prix Nobel d'économie », contre 54 Américains. Gérard Debreu, Maurice Allais et Jean Tirole ont reçu cette distinction en 1983, 1988 et 2014 pour leurs travaux sur La Théorie de l'Équilibre Général et Partiel, et l'Organisation Industrielle. Je ne vous ferai pas l'insulte de vous rappeler de quoi il s'agit, d'autant que je n'en sais rien. Vous me direz que les Américains sont plus nombreux que nous, ce qui est vrai, et qu'ils gagnent régulièrement le prix en groupe[1], ce qui n'est pas faux non plus, mais comparativement, nos performances en la matière ne sont pas glorieuses : 18 fois plus de récompenses pour eux alors que leur population ne représente que quatre à cinq fois la nôtre. Pour votre information, sur la même période[2], nos athlètes sportifs ont remporté 128 médailles d'or aux Jeux Olympiques contre 591 pour les États-Unis, soit un rapport beaucoup plus honorable de 4,6. Ce qui montre bien que quand on veut, on peut. Et que quand on n'a pas de tête, on a des jambes.

---

1. Le « Prix Nobel d'Economie » ayant été décerné pour la première fois en 1969, cela fait un total de 48 prix distribués à fin 2016. Mathématiquement, celui-ci est donc régulièrement attribué à plusieurs personnes en même temps.
2. À peu près, la période couverte ici est 1968-2016. Je dis ça pour les fans de sport qui voudraient vérifier par eux-mêmes.

Si j'étais mauvaise joueuse je dirais que faire ce genre de comparaison est stupide ; mais je ne le suis pas. Je serais mesquine si j'ajoutais que cette rivalité est d'autant plus vaine que le « Prix Nobel d'économie » n'existe pas. Ce qui existe, c'est le « Prix de la Banque de Suède en sciences économiques en mémoire d'Alfred Nobel », créé en 1969, alors que les « vrais » Prix Nobel ont été instaurés en 1901. Ajoutez quelques parenthèses ici et là, inversez un ou deux mots, et vous obtenez alors ce que vous pouvez faire passer pour un « vrai » Prix Nobel d'économie. Sauf que ce n'en est pas un, contrairement aux Jeux Olympiques. Je sais, je me répète. Mais je ne suis pas mauvaise joueuse.

Les Français ne s'intéresseraient pas à l'économie ? J'ai du mal à le croire ! Ils adorent se retourner la cervelle à propos de tout et n'importe quoi. Qu'il s'agisse de philosophie, de culture ou de débats citoyens, tout est prétexte à les entraîner dans de vastes réflexions-disputes (concept que nous avons tous expérimenté à la faveur d'un repas familial). Et quelle discipline permet de se chatouiller le neurone mieux que l'économie (à part la physique quantique, bien sûr) ?

Ce n'est pas faute de mettre le sujet sur la table. L'économie nous est servie sur un plateau tous les jours dans les nouvelles parce qu'elle fait partie de notre vie quotidienne. C'est d'ailleurs de là que vient le mot : « *oikonomía* » signifie « administration du foyer » en grec ancien. Le mot a dû disparaître dans la version moderne de leur langue. Quoiqu'il en soit, dans la nôtre, l'économie regroupe pléthore de disciplines différentes (politique, sociale, …), et un bon paquet d'écoles de pensée (classique, néoclassique, marxiste, marginaliste, …) qui expliquent toutes un bout du problème, rarement de la même façon, mais toujours « en théorie ».

C'est tout le charme de l'économie qui décrit des phénomènes à propos desquels personne n'est d'accord dans des conditions totalement abstraites et improbables parce que personne n'habite en Théorie, là où, comme le faisait remarquer le regretté Pierre Desproges, tout se passe bien. Le fait est que certaines démonstrations rappellent étrangement nos jeux d'enfants : On dirait que tout le monde déclare ses revenus[3]. Super ! Et on dirait aussi qu'on est des chevaliers !

L'avantage de la théorie, c'est qu'on peut utiliser toutes sortes d'hypothèses plus ou moins fantaisistes et plus ou moins constantes. L'une d'entre elles voudrait que nous soyons des êtres rationnels et n'achetions que ce qui nous est utile pour peu que le prix soit convenable. Les économistes sont manifestement des hommes célibataires qui n'ont jamais ouvert la penderie d'une femme après les soldes. Mais ne leur jetons pas la pierre. Eux au moins ont le mérite (d'essayer) d'expliquer ce qu'il se passe. Sans hypothèse, pas de théorie, ce qui serait franchement dommage.

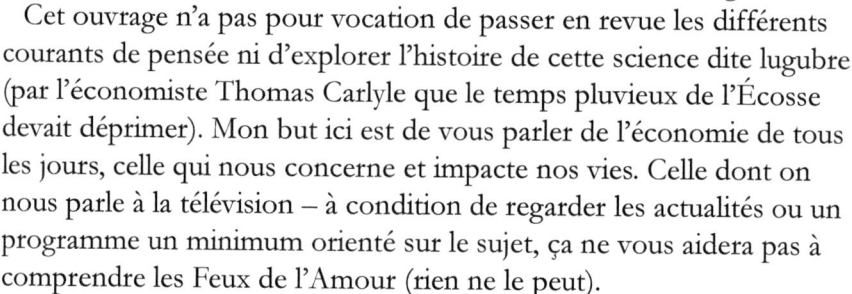

Cet ouvrage n'a pas pour vocation de passer en revue les différents courants de pensée ni d'explorer l'histoire de cette science dite lugubre (par l'économiste Thomas Carlyle que le temps pluvieux de l'Écosse devait déprimer). Mon but ici est de vous parler de l'économie de tous les jours, celle qui nous concerne et impacte nos vies. Celle dont on nous parle à la télévision – à condition de regarder les actualités ou un programme un minimum orienté sur le sujet, ça ne vous aidera pas à comprendre les Feux de l'Amour (rien ne le peut).

Vous ne décrocherez peut-être pas le prochain Nobel d'économie – si c'était le cas, croyez bien que je serais très fière de vous et m'empresserais, sur simple requête de votre part et sur présentation de votre ticket de caisse, de modifier les premiers paragraphes de ce chapitre – mais vous pourrez enfin apporter votre contribution éclairée au prochain dîner-pugilat à la maison.

Avouez que vous en rêvez !

---

3. Note aux contrôleurs fiscaux : je dis ça pour les autres. J'ai toujours déclaré les miens en toute transparence. Pour tout vous dire, j'en ai même déclaré trop en 2002.

VARIATIONS SUR L'ARGENT
(le nôtre, le leur, l'inventé, …)

Genèse de l'oseille

On considère en général qu'il vaut mieux commencer une histoire – quelle qu'elle soit – par le début plutôt que par la fin, n'en déplaise à ma chère maman qui a l'étrange habitude de toujours attaquer un livre par les dernières pages (puis de reprendre aux premières, elle ne le lit pas à l'envers). Dans le cas présent, et pour lui rendre hommage, j'avoue avoir été tentée de le faire, mais cela aurait donné quelque chose comme « Terminus ! », ce qui est assez logique mais pas hyper explicite. J'opterai donc pour la méthode traditionnelle et commencerai par le début, ou la base : l'argent.

Tout le monde le sait, l'argent ne fait pas le bonheur. Son absence non plus, même si personne ne juge bon de le préciser. Disons que c'est quand même plus pratique d'en avoir que pas. Dans notre monde meurtri par les crises à répétition, et en quête d'un retour à des valeurs ancestrales, on voit de plus en plus fleurir des foires au troc et autres sites d'échange comme autant de radeaux de survie dans un océan infesté de requins financiers.

Même si ces séances de troc ne sont jamais que l'échange de deux choses dont les propriétaires respectifs ne veulent plus, soyons ouverts d'esprit.

Vous passez à la boulangerie prendre votre baguette pour le soir. Dans un monde où l'argent n'existe pas, vous devez trouver quelque chose à donner en échange à votre boulanger. Si vous êtes producteur de tomates, que c'est précisément ce qu'il avait envie de manger ce soir et que, gros chanceux, aucun autre producteur de tomates n'est passé avant vous aujourd'hui, vous pouvez repartir avec votre baguette. Fantastique ! Et demain ? Notre ami boulanger ne va pas se farcir des tomates tous les jours.

Si vous tenez à maintenir le pain frais dans votre alimentation, vous allez devoir intégrer quelques étapes intermédiaires. La transaction se complique et devient tomates – fromage – pain, ou tomates – viande – pain, voire très rapidement tomates – fromage – viande – pain. Bref, vous avez compris. Vous n'êtes pas le seul joueur et vous devez faire tout cela entre l'heure de sortie du bureau et celle de fermeture des magasins. Cela va devenir encore plus drôle quand vous essaierez de caser un lave-vaisselle dans l'opération, toujours à partir de tomates puisqu'il s'agit de votre matière première. Là-dessus se posera la question de l'équivalence. *Grosso modo*, un lave-vaisselle de base peut s'échanger contre 58 kg de tomates. Mais pour le pain, le fromage, ou la viande ? Ça fait combien ? Et entre eux ? Et en décembre (quand ce n'est plus la saison des tomates) ?

Super idée cette histoire de troc, à condition d'avoir quelque chose à échanger ! D'autant que certaines personnes ont précisément pour métier que vous ne receviez rien, par exemple la police qui ne peut décemment pas lâcher un voleur chez vous juste pour que vous puissiez constater qu'elle l'a bien attrapé.

Et à condition aussi de maîtriser tous les cours de change… Je ne veux pas être désagréable, mais vu la tête que vous faites dans la vraie vie quand vous échangez vos euros contre des dollars juste avant de partir en voyage, je me permettrais d'émettre quelques doutes à ce sujet.

S'il y a moyen de sauter quelques étapes, ce n'est pas plus mal. Ça tombe bien, il y en a un, et normalement vous m'avez vue arriver avec mes gros sabots : il s'agit de l'argent.

Cela n'a pas toujours été le cas. Nos ancêtres se sont certes rapidement rendu compte que le troc avait ses limites mais n'ont pas tout de suite pensé à imprimer des euros, principalement parce qu'ils n'avaient pas encore inventé l'imprimerie ; ni le papier ; ni l'Europe. Bref, les plus malins se sont aperçu que certains produits étaient plus populaires que d'autres ; le sel, par exemple, qui remplaçait les frigos (ceux-ci n'existant pas non plus à l'époque), et dont tout le monde avait besoin un jour ou l'autre au contraire des tomates qui, soit dit en passant, n'avaient pas encore été rapportées d'Amérique du Sud.

Comme le sel, d'autres produits servaient aussi de monnaie d'échange : les animaux qui n'étaient alors que des biens meubles et non pas ces êtres dotés de sensibilité (article 515-14 du code civil), ou les métaux tels que le cuivre à partir duquel on fabriquait des outils… ou encore l'or et l'argent, qui sont quand même super jolis. Vraiment. Au départ – j'ai bien dit que je commençais par le début – l'or et l'argent n'étaient que des biens d'échange « comme les autres » qui avaient l'avantage d'exister mais pas trop, d'être brillants – donc désirables, d'être beaucoup moins fragiles que les produits alimentaires qui pourrissent ou le bétail qu'il faut nourrir et soigner de temps en temps, et surtout de pouvoir réaliser des petites transactions.

Quiconque a eu la chance de faire du tourisme au Maroc s'est certainement déjà vu proposer de se faire acheter pour 15 ou 100

chameaux. Le montant importe peu dans la mesure où, au risque de décevoir certaines personnes de ma connaissance, le bédouin n'a aucune intention de vous acheter pour de vrai, ni de vous céder son chameau qui lui sert à faire faire des tours de manège aux touristes. Au passage, le bédouin en question est en déguisement, il habite à quelques pâtés de maison de votre hôtel et son chameau est un dromadaire. Vous noterez cependant qu'à aucun moment il ne vous propose de vous acheter pour un « demi-chameau ». Pas tellement parce que vous valez beaucoup plus, mais parce que le demi-DROMADAIRE qu'il conserverait perdrait considérablement de sa valeur (j'imagine que vous voyez pourquoi).

Si vraiment vous souhaitez voir aboutir cette transaction, suggérez à votre acquéreur de vendre tout le chameau pour de l'argent et de refiler la moitié à celui (père ou mari) qui vient de vous abandonner sans sourciller dans un bled charmant. Votre nouvel ami pourra toujours vous offrir un restau avec le reste.

Donc, disons que l'argent, c'est bien commode, et que même si certain(e)s ne sont pas d'accord, je ne vais pas tout réécrire pour les anarchistes qui préfèrent faire leurs courses avec d'autres courses et qui ne voient vraiment pas ce qui cloche dans cette phrase.

Pour votre culture générale

Les pièces étaient initialement vraiment en or et en argent voire en électrum (un alliage naturel des deux), mais surtout en argent parce qu'on n'avait pas trouvé tant d'or que ça, et que ce n'est donc pas un hasard si nous autres Français utilisons le même mot pour désigner la monnaie et le métal.

Mais pas que : il y a très rapidement eu au moins un autre métal dans les pièces de monnaie ne serait-ce que pour les renforcer car l'or et l'argent seuls sont un peu trop déformables.

Panique au bureau de change

Sauf à n'être jamais sorti de chez vous, et à ne pas avoir de télévision, vous n'êtes pas sans savoir que le monde est vaste – cruel, aussi, mais c'est un autre sujet – et compte un nombre certain d'autres pays avec des gens bizarres dedans. Ils parlent des langues mystérieuses plus ou moins mélodieuses et/ou paient avec des monnaies plus ou moins colorées. Ce livre étant plus focalisé sur l'argent que sur les dialectes, je m'attarderai ici sur les devises. J'en profite néanmoins pour saluer nos amis néerlandais qui utilisent l'euro comme nous mais qui, franchement, devraient faire quelque chose pour leur langue.

Sans émettre d'opinion sur la pertinence d'avoir créé la zone euro, disons tout de même que cela permet, tant qu'on reste à l'intérieur, de sauter l'étape dont tout le monde préfèrerait se passer… le change. Sauf qu'il y a aussi de très beaux pays hors de notre zone, et que cela vaut la peine d'aller y faire un tour. Et là, difficile d'y couper.

Derrière le monsieur – normalement lui-même derrière une vitre blindée – se trouve en général un panneau avec des petits drapeaux symbolisant les pays – ou la zone – de la devise qui sera échangée et deux chiffres… Et c'est en général à ce moment-là que se produit un *bug* dans le cerveau du touriste en maillot de bain ou sur le point de l'être.

Autant le concept d'achat-vente est bien appréhendé par la majorité de la population quand il s'agit de yaourt (toi me vendre yaourt, donc moi te donner euros)… Autant le fait d'utiliser de l'argent des deux côtés de la transaction a un effet systématiquement déstabilisant pour nos esprits habitués à exprimer les prix en euros, et non pas les prix de l'euro. Toi me vendre des dollars donc moi te donner des euros… Donc finalement moi te vendre des euros et t'acheter des dollars. Et franchement, ça complique tout, surtout après un vol de 12 heures.

Il n'y a qu'un seul prix pour le yaourt parce que votre supermarché ne fait que vous en vendre et n'a prévu l'affichage que pour ce cas-là – il fait ses petites affaires de son côté pour s'approvisionner et vous vous doutez bien que les prix payés par le supermarché au fabricant ne sont pas les mêmes…

Au contraire, le monsieur du bureau de change peut vous vendre des dollars mais aussi vous en acheter. Pour les devises, c'est le même bureau pour tout le monde, d'où le double affichage.

À ce stade, vous espérez sûrement que je vous dise lequel s'applique à vous. Croyez bien que je suis navrée de vous décevoir si tôt dans ce livre, mais je ne peux pas vraiment. D'abord, je ne sais pas quelle devise vous voulez échanger : voulez-vous acheter des dollars (et donc vendre des euros) ? Ou l'inverse, r(ev)endre les dollars qui ont survécu à la razzia shopping (et donc acheter des euros) ?

Ensuite, je ne sais pas où vous êtes… Comme les choses étaient manifestement trop simples, tous les pays ne présentent pas les prix – les taux de change – dans le même ordre… Parce qu'1 euro qui s'échange contre 2 yaourts c'est la même chose qu'1 yaourt qui s'échange contre 50 centimes d'euros. Quand on a vraiment que ça à faire, on peut donc exprimer un même taux en euro par yaourt (0,50) ou en yaourts par euro (2).

Tout ça pour vous dire que, si vous ne devez retenir qu'une chose, c'est que le prix qui vous concerne n'est pas celui des deux que vous auriez choisi, ce sera l'autre. Tout simplement parce qu'il faut bien que le type qui change l'argent en gagne, justement. Et il ne peut le faire que d'une seule façon : en l'achetant moins cher qu'il ne le vend.

Maintenant que je vous ai bien retourné la tête avec le double affichage – histoire d'asseoir mon autorité – on peut se le dire : cela ne concerne que ceux qui vont effectivement changer de l'argent. Quand on parle des taux de change en général, et à la télévision en particulier, on n'utilise qu'un seul chiffre, celui du milieu (la moyenne en fait). Et c'est en général pour illustrer le fait que la devise s'est renforcée ou s'est affaiblie (ou qu'elle est restée pile poil où elle était). Une certaine confusion semble également régner à ce sujet.

Disons que nous sommes en zone euro, et que nous nous intéressons surtout à la force de notre devise (l'euro…).

Disons aussi que nous sommes lundi (transposez si vous ne lisez pas ces lignes un lundi et que cela vous perturbe), et que je peux porter un sac de 20 kg.

Le lendemain (mardi, donc), je peux porter un sac de 30 kg. Le poids du sac augmente, mais comme c'est par rapport à une et une seule « moi » (dont le poids est hors sujet), c'est moi qui suis devenue plus forte, musculairement parlant.

Lundi, l'euro permet de lever 1,10 dollar ; mardi, il s'échange contre 1,20 dollar. Le montant affiché en dollars augmente, mais c'est l'euro qui s'est renforcé. Parce qu'1 euro peut porter plus. C'est exactement pareil que pour le sac, à ce petit détail près que lorsqu'une devise se renforce par rapport à une autre, l'autre s'affaiblit par rapport à l'une. Il n'en était rien pour le sac parce qu'un sac ne peut ni se renforcer ni s'affaiblir parce que c'est un sac et que je veux bien illustrer mes propos avec des exemples concrets mais qu'on ne va quand même pas virer surréaliste.

Du point de vue linguistique, on dit d'une devise qu'elle s'apprécie quand elle se renforce, et qu'elle se déprécie quand elle s'affaiblit (logique). Enfin, dans la mesure où la devise en question est à régime de change flottant…

Pour faire intelligent(e) dans les dîners

Concernant la présentation des taux de change, j'ai quand même une (presque) bonne nouvelle.

La plupart des pays ont adopté la présentation dite « à l'incertain » qui indique combien il faut en devise locale pour une unité de devise étrangère.
Prix en devise locale = 1 devise étrangère.

C'est une bonne nouvelle parce que nous avons adopté la présentation inverse dite « au certain » qui indique combien il faut en devise étrangère pour une unité de devise locale.
Prix en devise étrangère = 1 devise locale.

Dans la mesure où leur devise locale est notre devise étrangère (et réciproquement), nous présentons donc les choses de la même façon et ça tombe bien.

Sauf quand la devise étrangère en question est celle d'un pays qui a choisi la même présentation que nous, genre, les États-Unis (en fait, c'est plutôt nous qui avons choisi la même présentation qu'eux). Résultat, des deux côtés de l'Atlantique, tout le monde prend sa devise pour référence :

Combien d'euros pour 1 dollar quand on est aux Etats-Unis.

Combien de dollars pour un 1 euro quand on est en zone euro.

Et que ça fait deux présentations pour un même prix.

La force des (devises) faibles

Tous les taux de change ne changent pas tout le temps. Certains oui, le dollar et l'euro par exemple, qui sont des devises à « régime de change flottant ». Leurs prix évoluent selon le vieux concept qui veut que plus il y a de demande pour quelque chose (une maison, des vêtements, des téléphones), plus son prix monte. Une fois qu'on s'est habitué au petit mécanisme du prix d'une devise qui fait que plus elle est chère, plus il faut d'argent dans une autre pour en avoir, on se rend compte que c'est pareil.

Dès que quelqu'un du dehors veut (ou doit) nous envoyer de l'argent, cela augmente la demande pour notre devise et ce, quelle que soit la devise dans laquelle la transaction a été faite. Un Américain qui nous achète du fromage le paiera soit directement en euros (et devra donc s'en procurer pour ce faire donc en acheter), soit en dollars (et c'est le fromager qui les échangera *in fine* contre des euros parce que les dollars n'ont pas cours légal en France).

Plus on nous achète de camembert (de Rafales et de parfums) plus nous exportons, et plus notre devise s'apprécie (et inversement).

Et plus notre devise s'apprécie, moins nous exportons…

Le prix de nos produits pour un étranger dépend de deux choses. D'abord, de son prix chez nous (quand même) ; ensuite, du taux de change entre sa devise et la nôtre.

Quand l'euro se renforce, le fromage ne nous coûte pas plus cher, vu qu'on est aussi payé en euros. Mais il coûte plus cher à un Américain qui doit aligner plus de dollars pour chaque euro qu'il veut dépenser chez nous. Un camembert de luxe à 10 euros lui coûte 10 dollars quand le taux de change est à 1 dollar par euro, mais 12 dollars quand le taux de change passe à 1,20. C'est plus, et cela peut le dissuader (peut-être pas sur un seul camembert, mais vous voyez l'idée à l'échelle d'un pays). Une devise qui se renforce « trop » finit par gêner les exportateurs (dont notre fromager qui espérait vendre son produit également à des personnes n'habitant pas dans la zone euro).

En revanche, cela plaît en général beaucoup aux importateurs qui font l'opération inverse.

Inversement, et pour les mêmes raisons, plus notre devise s'affaiblit, plus nos produits deviennent bon marché pour le Reste du Monde… et plus les leurs nous paraissent chers. À ce jeu-là, on ne peut pas gagner sur les deux tableaux ce qui retient tout le monde de déprécier sa devise à tout va. Sauf si on est Allemand.

Une appréciation de l'euro nous contraint parfois à baisser nos prix (locaux) pour éviter de perdre des parts de marché parce que nous sommes sur des secteurs où les prix payés par les clients influent grandement sur leurs choix. Avec un euro fort, nos prix sont trop chers par rapport à ceux de nos concurrents. Les Allemands au contraire peuvent, dans la limite du raisonnable, maintenir leurs prix quand l'euro se renforce parce que leurs clients y sont moins sensibles. On dit, en langage technique, que la demande est inélastique (elle se tend moins). L'exemple le plus souvent cité pour illustrer ce phénomène – et le plus représentatif – est celui du tabac. L'augmentation du prix du paquet n'en réduit pas franchement la consommation.

Fait rare, donc, un euro fort facilite les importations pour les Allemands (normal) mais ne gêne pas plus que cela leurs exportations (moins normal).

Maintenant, tous les taux de change ne changent pas tout le temps. Certaines devises sont à « régime de change fixe », sous-entendu, fixé à une autre. Vous comprenez bien que, dans ce cas-là, le rapport entre les deux ne varie pas, mais qu'il peut varier avec les autres. Observez un couple danser pour vous en convaincre. Si l'un des deux danseurs s'éloigne sur la piste, l'autre aussi et dans la même direction.

Comme les exportations et les importations ont le même impact sur ces devises que sur les flottantes, vous devinez que cela oblige les autorités monétaires du pays concerné à intervenir pour s'assurer que le taux reste celui choisi. Si quelqu'un essaie de vous arracher votre partenaire de rock au beau milieu de la chanson, vous allez tirer dans l'autre sens.

Concrètement, quand leurs performances économiques tendent à faire monter la valeur de leur devise vers le haut, les autorités monétaires vont la vendre pour exercer une pression vers le bas. C'est assez facile il suffit d'en imprimer (façon de parler, tout est numérique), ce que toute banque centrale peut faire sans limite technique dans sa propre devise mais pas sans conséquence : on ne multiplie pas sa masse monétaire sans risquer de passer par la case inflation. C'est le problème auquel ont été confrontés les Suisses qui ont fini par lâcher l'affaire, à la surprise générale, en janvier 2015.

À l'inverse, quand la demande pour leur devise est trop faible et la pousse vers le bas, les autorités monétaires vont en acheter. C'est tout aussi facile, tant qu'elles ont de quoi la payer. C'est impossible si elles n'ont pas, ce qui peut vite virer au drame comme nous aurons l'occasion de le voir plus loin (dans le livre). On risque alors la dévaluation.

Vous pourriez trouver étrange qu'un pays décide de se mettre des chaînes avec un tel boulet au bout. Le truc, c'est que toutes les devises ne se valent pas et toutes les économies non plus. Fixer sa devise à une autre jugée plus sérieuse, typiquement le dollar ce qui est assez ironique, donne un sentiment de sécurité aux partenaires commerciaux éventuels, ainsi qu'aux investisseurs-consommateurs-électeurs locaux fatigués par les libertés monétaires prises dans le passé. En collant sa monnaie à une autre, un pays s'engage à faire preuve d'un minimum de discipline (financière).

Maintenant, tous les pays qui attachent leur devise, plus ou moins fortement, à une autre n'ont pas forcément un historique économique désastreux. En général, ces devises ne sont d'ailleurs pas fixées à un taux riveté ; leur marge de manœuvre est un peu plus lâche. C'est typiquement le cas du Danemark qui n'a pas voulu faire partie de la zone euro mais dont les liens économiques avec nous sont si importants pour lui qu'un déséquilibre perturberait trop son économie. Résultat, la couronne danoise évolue dans un corridor qui va de 7,29 à 7,63 couronnes par euro[1].

L'euro, justement, est un cas particulièrement intéressant, ne serait-ce que parce qu'il s'agit de notre devise et que tout ce qui nous concerne est beaucoup plus captivant que le reste.

Pour faire intelligent(e) dans les dîners

Selon qu'elle se renforce ou s'affaiblit, on dit :

Qu'une devise à régime de change flottant s'apprécie ou se déprécie.

Qu'une devise à régime de change fixe est réévaluée ou dévaluée.

---

[1]. Ne cherchez pas, cela correspond à une variation de plus ou moins 2,25% autour d'un taux de change « fixé » à 7,46 couronnes danoises par euro.

6,55957

L'euro est une devise flottante relativement récente dans notre histoire économique. Un beau mais très froid matin de 2002 (la température est restée négative toute la journée), tous nos prix en francs se sont transformés en euros. Personnellement, si on m'avait posé la question – ce qu'étrangement personne n'a fait – j'aurais choisi un autre jour que celui où la population cuve pour lui demander de maîtriser la table de multiplication de 6,55957 (et celle de 0,15245 quand on fait l'opération dans l'autre sens). Moi, ce que j'en dis…

Bon an, mal an (c'était le 1er janvier…), nous nous y sommes faits, puisque nous n'avions plus le choix. Certains d'entre nous ont dû regretter de ne pas avoir potassé pendant les années précédentes puisqu'en réalité, le chiffre avait été fixé, et était donc connu depuis, le 1er janvier 1999. Mais quand même ! Il n'y avait pas plus facile ? Pourquoi pas une des tables qu'on avait déjà en tête (idée : celle de 6 ou celle de 7) ? Ceci dit, ayons une petite pensée compatissante pour nos amis italiens qui ont dû maîtriser celle de 1.936,27, et grecs (qui sont toujours nos amis, si, si) qui se sont paluché celle de 329,689. Mais charité bien ordonnée commençant paraît-il par soi-même, pourquoi 6,55957 ?

Le 31 décembre 1998, la veille du jour fatidique, 1 dollar valait 5,622 francs, et 1 euro valait 1,167 dollar. Multipliez l'un par l'autre, cela fait 6,55957 francs par euro[1]. C'est simple, c'est malin, mais c'est un peu

---

1. 5,622 francs / dollar x 1,167 dollar / euro = 6,55957 francs / euro.

court. Cela ne nous dit pas pourquoi 1 euro valait 1,167 dollar… d'autant qu'à ce moment-là, l'euro n'existait pas, ce qui fait que donner son cours en dollars relève du mysticisme.

L'idée de lier nos monnaies ne date pas d'hier. Cela fait un moment que nous nous sommes rendu compte que nous étions voisins et que nos économies étaient si étroitement liées que ce ne serait pas une mauvaise idée de les arrimer ensemble.

En 1972, le système monétaire en place (dit de « Bretton Woods » et à propos duquel nous revenons plus loin dans le livre) commençant à battre de l'aile, nous avons créé le Serpent Monétaire Européen. Je suppose que le symbole a été choisi en référence au fait que le flanc droit d'un serpent suit toujours fidèlement son flanc gauche, et non pas à son côté sournois et potentiellement mortel. Le concept consistait donc à lier nos monnaies les unes aux autres et non plus au dollar. En 1978 (je vous la fais courte), et après les entrées-sorties (voire réentrées) de certaines devises, le Serpent est mort.

En héritage, ses psylles[2] nous ont laissé « l'Unité de Compte ». Il s'agissait d'un panier des devises de neuf pays[3], chacune étant représentée à hauteur de son poids économique. La devise de l'Allemagne, qui était déjà le poids lourd de l'Europe, comptait pour 27,3 %, celle de la France, déjà seconde, pour 19,5 %, etc., le tout faisant 100 %… mais 100 % de quoi ? Parce que 19,5 % de rien, ça ne fait rien. On aurait très bien pu dire qu'une Unité de Compte vaudrait 1 dollar, ou 1 mark allemand ou même 1 franc. Le premier choix n'aurait pas été très européen, le second était politiquement délicat, et le troisième aurait fait marrer tout le monde. Il fallait quelque chose de sérieux et de consensuel. Le choix s'est donc porté sur le DTS, la « devise » inventée par le FMI[4].

---

2. Charmeurs de serpent. Un peu de vocabulaire, que diable !
3. Huit devises : Allemagne, France, Italie, Grande-Bretagne, Pays-Bas, Belgique, Danemark et Irlande ; Neuf pays avec le Luxembourg dont la monnaie était à parité avec celle de la Belgique.
4. Qui fait l'objet d'un chapitre plus loin.

Il fut donc décidé que l'Unité de Compte aurait pour valeur initiale celle du DTS le 28 juin 1974. Et il se trouve qu'1 DTS, ce jour-là, valait très exactement 1,20635 dollar.

1 Unité de compte = 1 DTS = 1,20635 dollar, enlevez celui du milieu : 1 Unité de Compte = 1,20635 dollar. Puis elle a pris son envol, au gré des variations de change des devises qui entraient dans sa composition.

C'est passionnant mais ça date un peu.

En 1979, le SME (Système Monétaire Européen) a succédé au feu Serpent, et on a décidé de lier nos devises à une référence centrale, un panier de devises qui s'appellerait ECU, au lieu de les lier entre elles. Et quand il a fallu en fixer sa valeur, on a pris celle qu'on avait sous la main : 1 ECU = 1 Unité de Compte = 1,30 dollar et des poussières le jour J (car l'Unité de Compte n'était pas restée pile poil à son niveau initial, elle avait varié entre temps…).

Puis l'idée d'une véritable union monétaire est apparue. Je vous épargne les différentes phases de concertation, d'alignement des économies, et autres critères de convergences (vous pouvez lire les 264 pages du Traité de Maastricht si vraiment le sujet vous passionne). Toujours est-il qu'au bout du compte il nous fallait une devise commune pour le 1er janvier 1999, et qu'on avait l'ECU sous la main. Conformément à la coutume, elle a hérité d'un nouveau nom, l'euro, et comme il fallait bien décider à quoi elle serait égale le jour de sa création, on est parti sur le 1 pour 1 traditionnel. 1 euro = 1 ECU.

C'est donc l'ECU qui valait 1,167 dollar le 31 décembre 1998, et pendant quelques infimes instants, l'euro et l'ECU ont valu exactement la même chose. Puis, plus. Déjà parce que l'ECU est mort[5] – cela n'avait pas de sens de le maintenir – mais aussi et surtout parce que l'ECU comptait la Grande-Bretagne et le Danemark dans son panier, alors que leurs devises ne faisaient pas partie de l'euro.

L'euro est une devise flottante dont le taux de change varie selon la perception que les acteurs économiques ont de la valeur de la zone…

---

5. Ce chapitre est une véritable hécatombe.

Mais en créant l'euro, tous les pays participants ont fixé le taux de change de leur devise à une référence, et donc entre eux. À 6,55957 francs par euro et 1,95583 deutsche marks par euro, cela fait 3,32585 francs par deutsche mark « pour toujours ». Les taux sont irrévocables. Si ça n'est pas un taux de change fixe !

Croître ou ne pas Croire (le PIB) ?

Au palmarès des thèmes préférés de nos politiciens, la croissance est largement en tête. On nous balance régulièrement des chiffres sur celle qu'on vient d'avoir, celle qu'on va avoir, voire même celle qu'on aurait pu avoir si on avait voté pour eux… le tout avec l'aplomb d'un facteur sonnant à la porte d'une marquise dans un film pour adultes.

Le plus intéressant, c'est qu'on nous fait régulièrement le coup de la révision de 0,1 % dans un sens ou dans un autre, ce qui ne nous émeut pas plus que ça parce qu'au fond, la « croissance », c'est un peu vague, et ça ne se mesure pas.

Ça se calcule. On ne mesure pas plus la croissance de l'économie – puisque c'est de cela qu'il s'agit ici – que celle d'un enfant. On mesure sa taille (voire son poids, s'il n'est pas en âge de se tenir droit et qu'on ne peut pas le déplier totalement sans le casser), et à partir de là, on calcule sa croissance (1e mesure : 1 mètre 20 ; 2e mesure : 1 mètre 30 ; croissance : 10 centimètres, et pas croissance : 1 mètre 30). Dans un cas comme dans l'autre, on a besoin d'une information chiffrée concrète qu'on va pouvoir utiliser. Encore faut-il savoir laquelle.

Pour l'économie d'un pays on utilise en général le PIB (pour Produit Intérieur Brut), que vous pouvez prononcer comme cela vous chante, soit en séparant les lettres, soit en disant juste « pib ». Il mesure la production à l'intérieur d'un territoire donné. Notez à ce stade que le PIB ne dit rien de la nature de ladite production qui peut tout aussi bien être celle de médicaments que celle d'armes, voire celle d'entreprises gérant les dommages sociaux ou écologiques causés par d'autres activités contribuant aussi au PIB.

Quand le PIB augmente d'une fois sur l'autre, on parle de croissance (votre enfant grandit), sous-entendue, positive. Quand il augmente mais moins qu'avant, on parle de contraction (votre enfant a moins grandi ce trimestre-ci que le précédent). Quand il diminue (votre enfant a… rapetissé), on est carrément en récession. Une récession plus de deux trimestres ? C'est une dépression. On visait autrefois une croissance de 3 % par an. Aujourd'hui, on est déjà bien content quand elle flirte avec les 2.

Le concept est simple, la mise en pratique moins. Autant, pour un enfant, c'est facile : vous prenez un enfant, vous prenez une règle, et le tour est joué. Autant pour le PIB, c'est beaucoup moins évident. Il existe trois méthodes qui s'appuient sur la production de valeur ajoutée (le V et le A dans TVA), sur ce qui a été dépensé, ou sur ce qui a été gagné sur la base que tout ce qui a été dépensé par certains a été gagné par d'autres grâce à leur valeur ajoutée.

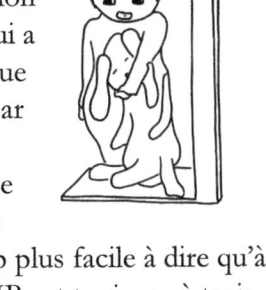

Les trois méthodes sont censées aboutir au même résultat puisqu'elles mesurent la même chose, mais compiler les informations nécessaires est beaucoup plus facile à dire qu'à faire – sauf apparemment pour la Chine dont le PIB est toujours à trois poils près celui anticipé par ses autorités… Deux possibilités à cela : ils sont vraiment très forts, ou ils mentent.

Il faut récupérer les informations de tout le monde et s'assurer qu'elles sont bien comparables d'un coup sur l'autre… Que le PIB a grimpé parce que la production a augmenté (croissance réelle), et pas juste parce que les prix ont doublé (croissance nominale[1]).

Nul n'étant tenu à l'impossible, nos amis statisticiens ne peuvent compiler que les données disponibles ou, à la limite, extrapolables. Or toute la production d'un pays ne l'est pas. Une partie d'entre elle est même délibérément dissimulée, souvent parce qu'elle n'est pas très légale. Se

---

1. Nous revenons très vite sur cette distinction.

pose donc la question de savoir si le PIB doit inclure l'économie souterraine ou pas, et à partir de quelles données puisque les acteurs de ladite économie oublient régulièrement de communiquer leurs statistiques à l'INSEE. Pour la petite histoire, sachez que des pays ont choisi d'inclure une estimation de ces activités dans leur PIB. Certains noient le poisson dans la masse de celles qui sont officielles, d'autres ont carrément une catégorie dédiée (« prostitution, recel de marchandises volées, … »). Tranquille.

Toute production masquée ne l'est pas forcément à dessein. Le ménage de mon petit chez-moi sera compté si j'emploie une personne pour le faire (le fait que je la paie rend l'opération mesurable), pas si c'est Bibi qui s'y colle. Ce serait anecdotique si nous ne comparions pas notre PIB à celui du pays voisin, qui n'a pas forcément recours à ce type de service aussi systématiquement que nous, mais fait quand même le ménage.

Mais nous nous comparons. Tout le temps. Et quand ce n'est pas nous, ce sont les institutions et autres agences de développement qui font des classements de quel pays est le plus riche et de qui a la plus jolie voiture.

Évidemment, on est obligé de convertir les PIB dans une devise commune pour que cela ait un minimum d'intérêt, et autant vous dire que cela tombe souvent sur le dollar, voire sur l'euro, mais attention, pas au taux de change du marché. Ce serait bien trop volatile (vu que ces taux changent tout le temps) et surtout pas franchement représentatif. Le but du jeu est de comparer la production d'une économie or vous n'avez pas manqué de remarquer que les prix ne sont pas les mêmes partout. Pour les produits qu'on peut envoyer d'un bout du monde à l'autre, ça colle à peu près (plus les frais de port), mais certains produits ou (surtout) services sont collés à leur lieu d'origine.

Allez vous faire couper les cheveux dans un pays dit « en développement » (faites-le au nom de la science). Vous verrez vite que ce n'est vraiment « pas cher » quand vous convertissez directement le prix local en euros parce que l'essentiel du prix vient de la main d'œuvre et que celle-ci est payée en fonction du niveau local des prix (et parce qu'on n'exporte pas une coupe de cheveux).

Mais il y a bien eu production d'une « coupe de cheveux » et elle compte autant, d'un point de vue économique, que celle réalisée à prix d'or dans une enseigne parisienne. Un partout, la balle au centre.

Autant vous dire que se comparer le PIB entre pays est à peu près aussi rigoureux que de s'autoévaluer d'une année sur l'autre. Certes, vous pourriez me faire remarquer que l'important est d'avoir une idée de l'état de l'économie, même approximative. Que je chipote un peu trop à propos du PIB. Et que si je suis si maligne que cela, pourquoi je ne propose pas mieux.

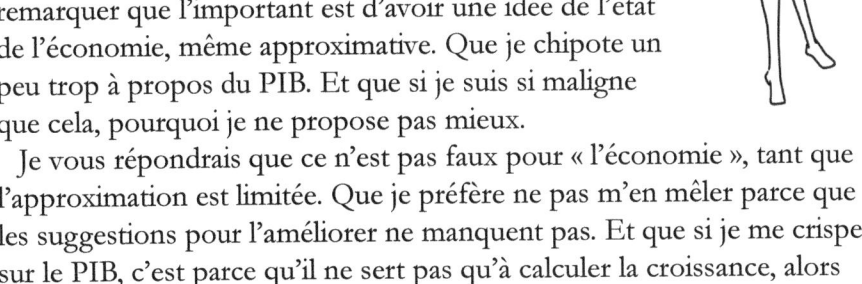

Je vous répondrais que ce n'est pas faux pour « l'économie », tant que l'approximation est limitée. Que je préfère ne pas m'en mêler parce que les suggestions pour l'améliorer ne manquent pas. Et que si je me crispe sur le PIB, c'est parce qu'il ne sert pas qu'à calculer la croissance, alors ce serait bien qu'on soit sûr de lui si vraiment on veut l'utiliser partout.

Pour faire intelligent(e) dans les dîners

Vous entendrez parfois parler de PNB – Produit National Brut – qui ressemble au PIB sauf qu'il comptabilise tout ce qui a été produit par les ressortissants d'un pays et non pas par ses résidents (PIB). La production de l'entreprise suédoise Ikea en France est intégrée au PIB – Produit Intérieur Brut – français parce que ça se passe en France, mais au PNB – Produit National Brut – suédois parce qu'elle est suédoise (logique).

En anglais, le PIB correspond au GDP (Gross Domestic Product) et le PNB au GNP (Gross National Product). Je dis ça pour celles et ceux qui mettraient le nez dans les relevés des autres.

Certains économistes parlent de récession/dépression même si le PIB continue à augmenter pour peu que cela soit à un niveau très inférieur à sa tendance historique.

La formule la plus souvent utilisée pour décomposer le PIB est celle qui se réfère à la méthode « par les dépenses » :

PIB = Consommation privée + Investissement + Consommation du Gouvernement + Exportations – Importations.

Je ne sais pas si vous vous en servirez un jour, mais je suis obligée de la mettre pour faire sérieux.

Dette Publique
Y a un Hic ?

Au fond nous savons bien que c'est grave, c'est juste que nous ne savons pas vraiment à quel point. Dans le doute, et avec la maturité d'un enfant de 2 ans convaincu qu'il est bien caché parce qu'il a fermé les yeux, l'immense majorité d'entre nous choisit d'ignorer le problème. Au prix d'un raccourci mental confondant – concrètement, va-t-on venir me prendre cet argent sur mon compte ? Non ? Bon, et sinon, on mange quoi ce soir ? – nous préférons faire l'autruche.

Mais au fond, oui, nous savons bien que c'est important.

Nous savons bien – nous sommes censés savoir – que l'un des fameux critères de convergence pour être admis dans la zone euro était que la dette publique ne dépasse pas 60 % du PIB (Produit Intérieur Brut). J'utilise l'imparfait volontairement dans la mesure où cela fait belle lurette que nous n'y sommes plus du tout (96 % à fin 2016 pour la France, 99,4 % pour l'Espagne et même 68,3 % pour la si vertueuse Allemagne). Sans être des experts du sujet, nous devinons bien que cela ne va pas dans la bonne direction. Pas plus que n'a l'air de s'arranger le déficit public, qui devait rester à moins de 3 % du PIB (mais était de 3,4 % à fin 2016 pour la France). Mais concrètement ?

Concrètement, commençons déjà par nous mettre d'accord sur un ou deux points de vocabulaire. Je m'excuse par avance auprès de celles et ceux pour qui tout ceci serait une évidence, mais on n'est jamais trop prudent.

Déjà, pour des facilités de lecture, j'emploierai le terme « d'État » pour désigner l'administration publique au sens large (l'État, les collectivités territoriales et tout le tintouin) et non pas juste « l'État » tout seul.

Ensuite, l'État, donc, comme tout un chacun, a un budget avec des revenus d'un côté, et des dépenses de l'autre. Quand les premiers ne sont pas suffisants pour couvrir les secondes, il est en déficit. Budgétaire. Pour payer ses dépenses « en trop » l'État va donc aller chercher l'argent ailleurs, et notamment auprès de ceux qui veulent bien lui en prêter. Il s'endette. Comme il s'agit de la dette de toutes les administrations publiques on parle de... dette publique. Notez qu'elle ne comprend d'ailleurs que celle-là et non pas celles de chacun des citoyens (même s'ils sont fonctionnaires). La dette qui englobe celle de tout le monde (la dette publique et la dette à titre privé) est la dette du pays.

Techniquement, quand l'État français s'endette, on dit qu'il émet un Bon du Trésor[1] si c'est à court ou moyen terme et une Obligation Assimilable au Trésor si c'est à long terme. Quand c'est un autre État, il leur donne le nom qu'il veut dans sa langue (des *Treasury Bonds* aux États-Unis, des *Bunds* en Allemagne, ...).

Le déficit, c'est le trou creusé dans l'année par des dépenses supérieures aux revenus. La dette c'est ce qui permet de le combler. Problème résolu ? Cela le serait si le budget redevenait bénéficiaire de temps en temps et permettait de remettre les compteurs à zéro en remboursant les dettes précédentes. Parce que chaque année nous faisons nos petites additions et nos grosses soustractions, et chaque année, oh bah flûte, encore un trou ! Et zou ! de la dette. Qui ne fait que s'ajouter aux précédentes. Enfin, pas complètement.

---

1. J'invite ici chaleureusement ceux qui voudraient creuser le sujet à se référer à l'ouvrage *Quelle est la Différence entre une Action et une Obligation ?* consacré aux marchés financiers.

Une partie de la dette contractée dans l'année ne sert qu'à rembourser une précédente qui vient d'arriver à son terme (on la « roule »). Un État emprunte pour plein d'échéances différentes et régulièrement, l'une d'entre elles « tombe ». Pour peu que le budget de l'année ne permette pas de rembourser et d'effacer l'ardoise, il « suffit » de se tourner vers les marchés et de demander à quelqu'un de prêter ce qui doit être remboursé, manipulation que vous ne pouvez espérer reproduire car vous êtes (nous sommes) de pauvres mortels alors qu'un État *a priori* pas. Méfiez-vous quand même de ceux qui pourraient nous faire le coup de l'Atlantide à cause du réchauffement climatique. En gros, ils empruntent à Paul pour rembourser Pierre. Souvent d'ailleurs Paul et Pierre sont la même personne et Paul et Pierre sont de grosses institutions (des fonds de pension par exemple). Il(s) aurai(en)t de toute façon cherché à placer l'argent qu'on leur remboursait, alors si ce doit être auprès du même, et dans la mesure où il(s) pense(nt) que la situation n'a pas drastiquement changé... ma foi, pourquoi pas.

Bon ben s'il y a toujours quelqu'un pour prêter, il n'y a pas de problème ! Indépendamment du fait que si, jusqu'à présent et pour notre pays, on trouve toujours des volontaires pour prêter, la fuite en avant n'est un schéma ni sain ni tenable au moins sur le long terme. Vous avez déjà entendu dire que notre génération vivait à crédit sur le dos de la suivante ?

D'autant que qui dit « dette », dit « prêt », et dit donc aussi « intérêts ». En 2016, les intérêts représentaient un peu plus de 10 % du budget de l'État. J'insiste sur le fait qu'on ne parle ici que des intérêts, pas du remboursement de la dette (pas même un bout, rien du tout, nada).

Payer des intérêts n'est pas choquant, même beaucoup. Tout dépend pour quoi. S'endetter pour financer un projet méga-top-extraordinaire qui va rapporter plein d'argent et créer de la valeur n'est pas une mauvaise idée en soi – surtout quand cet argent gagné permet de rembourser l'emprunt et plus encore !

Mais si c'est pour faire face à des dépenses quotidiennes, l'idée est nettement moins bonne. Que votre cher papa vous laisse le soin de rembourser une dette (et de payer les intérêts qui vont avec) qui a servi à financer vos études (sous-entendu vous permettant d'avoir un

bon métier et d'avoir un bon salaire) est une chose ; qu'il vous laisse la même ardoise parce qu'il voulait se payer une télé en est une autre. D'abord, la télé ne fonctionnera probablement plus quand vous aurez accès à la télécommande ; ensuite, aucune télé n'a jamais aidé personne à faire ses devoirs.

La génération suivante nous dit merci !

Pour faire intelligent(e) dans les dîners

Vous entendrez peut-être aussi parler d'excédent ou de déficit **primaire**. Il est toujours question du budget, mais il est calculé sans tenir compte de la dette (ni le capital à rembourser, ni les intérêts à payer). Comme votre budget peut être en excédent primaire tant que vos revenus couvrent vos dépenses en dehors de tout ce qui concerne votre satané crédit pour la maison.

La dette publique est dite **brute** : on ne défalque pas les actifs possédés (qui pourraient servir à la rembourser). Mais elle n'inclut pas non plus les garanties et autres engagements de l'État qui pourraient avoir à être déboursés, par exemple quand l'État se porte caution ou encore les retraites promises à ses employés.

Trop, c'est trop mais c'est pas tout

Vous pourriez vous dire qu'à 10 % du budget, finalement, on ne s'en sort pas si mal. Vous pourriez, mais j'ai une très mauvaise nouvelle. Les intérêts sont fonction de deux choses : le montant de la dette, et les taux d'intérêts en vigueur. Le moins que l'on puisse dire est que le montant de la dette va dans le mauvais sens (dans les 1.200 milliards d'euros il y a une dizaine d'années, plus de 2.000 milliards depuis 2014).

Quant aux taux d'intérêts, s'ils sont historiquement bas, ils sont surtout anormalement bas et pourraient bien remonter bien haut et bien fissa (un jour). C'est ce qui arrive traditionnellement quand le montant d'une dette approche des sommets de ce qui est tenable. Essayez d'emprunter 1 million une fois puis une autre et encore une autre. En supposant que vous trouviez quelqu'un qui accepte et que votre situation n'a pas évolué, croyez-bien que le dernier prêt sera beaucoup plus cher que le premier.

Il y aurait donc un niveau de dette maximum ? Oui. Lequel ? Dur à dire. Cela dépend de tant de choses.

De quand et à qui elle doit être remboursée. Il y a un fossé entre devoir de l'argent à son banquier ou à sa grand-mère. En général, et sauf à avoir une famille vraiment dysfonctionnelle, la pression n'est pas la même. Au niveau d'un État, la dette peut être détenue par quiconque a bien voulu acheter les obligations émises et il est toujours intéressant de savoir si ce sont plutôt des gens qui habitent dans le coin (dette publique

intérieure) ou plutôt pas (dette publique extérieure). En France, la dette est plus aux mains des Français (biais culturel oblige), mais ce n'est pas le cas de tous les pays (surtout ceux dont les résidents ne gagnent pas assez pour prêter à qui que ce soit, fût-ce à leur État).

Le niveau critique de dette dépend aussi du pays et de la tolérance des pourvoyeurs de fonds à son égard… Certains pays mériteraient peut-être qu'on arrête d'alimenter les caisses mais pour des raisons géopolitiques, on trouve toujours quelqu'un pour remettre au pot.

Il dépend de la devise dans laquelle la dette a été émise. Tous les pays ne peuvent pas emprunter dans « leur » devise bien à eux. Je n'ai rien contre le Bhoutan (je n'ai aucune opinion[1]), mais je doute qu'ils soient en mesure d'emprunter sur les marchés internationaux en Ngultrum (leur devise) à des taux abordables. Pas tellement parce que c'est difficile à prononcer, mais parce que les investisseurs qui auraient des fonds à prêter pourraient ne pas avoir envie de prendre un pari sur cette devise en plus du risque pris sur le prêt *per se*. Pour peu que celle-ci dévisse entre le moment où la dette est contractée et celui où elle est remboursée, le montant récupéré serait le bon, en Ngultrum, mais il ne vaudrait plus du tout pareil une fois reconverti en euros (ou en dollars). Résultat, le Bhoutan – comme tous ses petits copains dont la devise n'est pas une star – est un peu obligé d'emprunter en dollars et de s'arranger pour trouver ceux qu'il doit au moment où il les doit. On parle de « péché originel ». Ce n'est pas que ce soit vraiment de votre faute, mais vous devez en porter la responsabilité quand même !

Enfin, la dette atteindrait un niveau critique selon sa taille par rapport au PIB, puisque c'est à cela que nos indicateurs la rapportent. Ce qui n'est malheureusement pas forcément très pertinent et qui fait que le sujet fait l'objet de débats passionnés autour de la question « cet indicateur ne veut rien dire alors ne l'utilisons plus d'accord mais on le

---

1. Note Politiquement Correcte : la seule et unique raison pour laquelle j'ai choisi de citer le Bhoutan ici est le nom de leur devise qui me faisait rigoler. N'y voyez aucun message car mon intention n'est pas de vexer les Bhoutanais (Bhoutanois ? Bhoutanins ?).

remplace par quoi ah bah je sais pas » (je viens de vous épargner des dizaines d'heures d'émissions radio-télé palpitantes, on dit merci).

Nul besoin d'avoir fait Maths Sup pour s'apercevoir que dans le ratio dette publique / PIB, il y a deux éléments : la dette publique et le PIB, dont on a vu d'ailleurs que ce n'était pas un indicateur hyper fiable.

Fixer un niveau à ce ratio pour un groupe de pays, au hasard de la zone euro, revient à considérer que tous ces pays ont des profils budgétaires équivalents, ce qui n'est pas le cas. Certains États prennent en charge le financement d'infrastructures ou d'activités que d'autres laissent à la charge directe de leurs contribuables. Que vous payiez l'école directement ou que ce soit l'État qui le fasse (puis vienne chercher dans votre poche pour ce faire) ne change rien pour vous (au niveau global au moins), mais cela n'a pas le même impact sur le budget public. Quand l'État prend en charge certaines dépenses, c'est sur son budget directement et donc, potentiellement, son besoin de dette. Alors que quand c'est le citoyen directement, ce sera lui qui s'endettera et ce ne sera pas compté dans la « dette publique ».

Ensuite, quand vous demandez un crédit à votre banquier, celui-ci s'intéresse à ce que vous gagnez (votre salaire ou tout ce qui tient lieu de) et qui vous permettra de le rembourser. Un banquier est très pragmatique. Le PIB ne représente pas les recettes de l'État. Il représente tout ce qui a été produit au sein de cet État au sens géographique du terme. L'État en prélève effectivement une partie, mais s'il récupérait tout le PIB, il ne nous resterait plus rien à nous, braves gens. Alors, certes, il y a un lien entre les recettes et le PIB car plus il y a de valeur ajoutée, plus l'État peut collecter de taxe sur ladite valeur ajoutée, mais tous les pays ne taxent pas de la même façon. Tous n'ont pas la même politique fiscale.

Politique Fiscale, Triviale ?

La politique fiscale provoque en général des réactions nettement plus épidermiques que les autres types d'actions parce que même ceux qui pensent ne rien comprendre à l'économie ont une opinion très tranchée sur l'impact d'une hausse d'impôts sur leur compte en banque. De fait, les impôts, taxes et autres redevances sont une composante majeure de la politique fiscale.

Celle-ci concerne directement le budget de l'État - et par ricochets, le nôtre puisqu'au final, l'État, c'est nous. Comment et pourquoi faire entrer et sortir de l'argent de ses caisses ? De quelle manière peut-il rassembler assez d'argent pour atteindre ses objectifs ?

À ce stade, déjà, apparaît une première difficulté. Si tout le monde est à peu près d'accord pour dire que laisser filer le budget de l'État n'est pas forcément une super bonne idée, tout le monde ne l'est pas sur la façon dont celui-ci devrait être construit. Ne serait-ce que parce que tout le monde n'est pas d'accord sur les objectifs à atteindre. Le bonheur et la paix pour tous ? Oui, ça, j'imagine que c'est assez consensuel (et que ceux qui n'adhèrent pas à ce projet sauront d'eux-mêmes qu'il n'est pas judicieux de l'avouer). Mais après ? Certains promeuvent la redistribution des richesses dans l'espoir d'atteindre l'égalité – financière – pour tous, ce qu'évalue le Coefficient ou Indice Gini, du nom de son inventeur, Monsieur Corrado Gini. D'autres préfèreraient qu'on les laisse tranquilles et que, s'il faut payer pour des routes et des infrastructures, d'accord pour un peu, mais que pour le reste, c'est chacun pour soi. La palette des idéologies est aussi large et variée qu'un nuancier Pantone, et à l'exception de quelques-unes franchement tordues que je vous laisserai le soin de désigner par vous-mêmes, toutes ont le mérite d'exister.

En supposant ce problème néanmoins résolu, restent à déterminer les moyens à appliquer et là, rebelote, les points de vue sont très partagés.

Certains pensent par exemple que l'État devrait augmenter ses dépenses quand les consommateurs rechignent à le faire parce qu'ils s'accrochent à leurs économies. En général, ce sont des adeptes de l'école dite « Keynesienne », du nom de John Maynard Keynes, un économiste britannique du 20e siècle hyper connu dans le milieu notamment pour avoir répété à l'envi « qu'à long terme, on est tous morts ». Keynes n'était pas dépressif. Il épinglait par cette boutade l'obstination des économistes à faire des plans sur la comète et à baser toutes leurs théories sur le long terme alors qu'il serait plus judicieux de régler les problèmes de maintenant, vu que c'est maintenant qu'on vit (logique qui reste valable au 21e siècle).

D'autres pointent du doigt que si l'État creuse son déficit et le remplit avec de la dette, il va bien falloir finir par la payer, ce qui n'est pas totalement absurde. Et que ce sera de plus en plus cher parce que plus on s'endette, plus les intérêts augmentent, État ou pas État. Les partisans de cette école, dite « néo-classique », ajoutent également que les contribuables ne sont pas débiles et qu'ils vont encore plus économiser leur argent en prévision d'inévitables lendemains fiscaux qui déchantent. Cela présuppose évidemment que le contribuable moyen est un être rationnel, prévoyant, et doté d'une bonne capacité d'anticipation fiscale.

Quoi qu'il en soit, un État mène toujours une politique fiscale, même si elle n'est pas toujours du meilleur effet. À sa décharge, il faut dire que c'est un levier très compliqué à actionner. Entre le moment où on comprend un problème et celui où on identifie sa solution (faut-il jouer sur les impôts ? Ah oui, et sur lesquels ?), il peut se passer pas mal de temps. Il faut ensuite la mettre en œuvre, la faire voter (rebelote pour le temps). Vient ensuite le délai nécessaire pour qu'elle fasse son effet… Tout ça pendant que la Terre continue de tourner et que tout ne reste pas strictement figé, sans changer. La situation évolue parce que certaines choses s'équilibrent d'elles-mêmes. Une politique pensée pour stimuler l'économie qui prendrait toute sa force pile au moment où celle-ci est finalement repartie « toute seule » provoquerait surtout une surchauffe et l'enverrait valdinguer dans le décor. Dessiner une politique fiscale revient à sauter d'un wagon à un autre sur le toit d'un train qui roule à grande vitesse. Il faut viser loin, mais il faut viser juste.

À tout cela s'ajoute enfin le fait que la politique fiscale d'un pays n'est pas la seule à avoir un impact sur son économie. Déjà, il y a celles menées par les autres pays, avec lesquels nous interagissons car nous ne vivons pas dans une bulle, isolés de tout (je pars du principe ici que vous ne vivez pas en Corée du Nord).

Ensuite, la politique économique d'un pays est aussi modelée par d'autres outils, notamment la politique monétaire.

Contrairement aux politiques fiscales restées aux mains de nos gouvernements respectifs, notre politique monétaire est désormais commune à l'ensemble des pays de la zone euro. Ce n'est pas mauvais en soi, mais cela ne facilite pas les choses car les deux politiques fonctionnent beaucoup mieux quand on les coordonne. Et coordonner une politique monétaire avec 19 politiques fiscales différentes est à peu près aussi facile que d'essayer de faire atterrir un module spatial sur une comète sans qu'il rebondisse[1].

---

1. Ou le drame de Philae coincée pour l'éternité sous un rocher de la comète Tchouri parce qu'elle a rebondi lors de son atterrissage.

Politique Monétaire, Élémentaire ?

Les Banques Centrales sont les entités chargées de mener la politique monétaire d'un pays (comprenez, dans les lignes qui suivent, d'un pays ou d'une zone monétaire comme par exemple la zone euro). Le concept est assez vague : concrètement la politique monétaire est celle qui touche à tout ce qui concerne l'argent, les taux d'intérêts, le cours de change… la monnaie, en somme.

Ce sont elles qui sont responsables de la fabrication des pièces et des billets avec de jolies couleurs et pleins de petits détails pour compliquer la tâche aux faux monnayeurs. Pour la petite histoire, les billets américains sont verts parce que c'était la couleur la plus difficile à reproduire à l'époque où ils ont été mis en circulation. Dans la même veine, aucun de tous ces jolis ponts qui décorent nos billets d'euros n'existe en réalité. Dans la mesure où nous sommes surpris à chaque fois que nous réalisons que notre pièce est une fausse, la mission est plutôt réussie.

Au risque de vous décevoir, et même si cela doit valoir son pesant d'or d'entrer dans l'imprimerie, la planche à billets ne crée pas d'argent, elle en transforme. Les nouveaux billets qui circulent remplacent les anciens déchirés ou l'argent qui existait déjà sous forme de chiffres dans les comptes. Vous n'avez pas plus d'argent parce qu'il est en papier (sauf s'il provient tout droit d'un fourgon que vous venez de braquer).

Ceci dit, la mission est importante car la stabilité du système monétaire commence par la confiance que les utilisateurs d'une monnaie ont dans

celle-ci et les espèces qui traînent dans nos poches ou dans la coupelle sur la commode de l'entrée sont souvent la première image qu'on se fait de l'argent. C'est une image parfaitement valable quoiqu'un peu restrictive. L'immense majorité de notre argent est, sous nos latitudes au moins, totalement dématérialisé et stocké sous forme de chiffres dans des ordinateurs.

C'est sur l'ensemble de cet argent que veillent les banques centrales comme des poules sur leurs poussins ce qui est loin d'être évident. La preuve, on mange régulièrement des œufs.

Elles peuvent intervenir sur les marchés financiers pour influer sur le cours de change de leur devise. Elles le font aussi occasionnellement pour faire changer celui des autres, et rarement pour leur faire plaisir.

Pour peu qu'une banque centrale estime que la devise dont elle a la garde est un peu faible, elle peut en acheter sur les marchés pour l'aider à reprendre des forces – selon le principe universel que plus on achète quelque chose, plus son prix monte. Pour ce faire, elle aura bien sûr besoin d'avoir un minimum de réserves financières parce qu'on n'achète pas quelque chose, fût-ce sa propre devise, sans le payer[1].

Elle peut aussi faire l'inverse. Quand sa devise est trop forte, et que les exportateurs du pays galèrent, la banque centrale peut en vendre pour faire baisser son cours. Cette manipulation-là est plus facile que la première parce qu'une banque centrale peut sortir de son chapeau à peu près autant d'argent qu'elle veut tant que c'est dans sa devise à elle, mais pour tout vous dire, une banque centrale sérieuse évitera d'abuser de ce pouvoir ou s'efforcera de mettre en place des contre-mesures pour juguler l'inflation qui en résulterait. On dit alors qu'elle stérilise l'opération.

Toutes ne s'amusent pas à acheter et vendre leur devise. Dans les pays dont les devises sont à cours flottant, les autorités monétaires interviennent peu sur le marché des changes, voire pas. Dans les pays dont les devises sont à cours fixe, elles peuvent être tenues de le faire – dans la limite de leurs moyens bien sûr – lorsque la devise sort des clous.

---

1. Voir aussi – et surtout ! – le chapitre consacré aux réserves officielles.

Une banque centrale peut également jouer sur les taux d'intérêts pour attirer les investisseurs ou au contraire les inciter gentiment à aller voir ailleurs s'ils n'y seraient pas. De fait, faire monter les taux peut convaincre un bon paquet de gens d'investir chez vous, et tout ce bon monde voudra acheter votre devise. Ce qui devrait la renforcer.

Certaines banques centrales sont tellement influentes qu'elles n'ont parfois pas besoin d'aller jusqu'à ces extrémités pour obtenir gain de cause. La moindre de leurs déclarations est décortiquée et subit une analyse de texte digne du bac français, sur le thème de « qu'a voulu dire l'auteur quand il affirme que… ? ». Pour peu qu'un mot change dans la phrase entre deux comptes-rendus, celui-ci fait le tour du monde financier et provoque tempêtes, remous et mouvements de capitaux. La méthode du « attention, je compte jusqu'à 3 »[2], est particulièrement appréciée par la Fed (la banque centrale américaine, *Federal Reserve System* en V.O.), et la BCE (la Banque Centrale Européenne), son efficacité étant directement corrélée à l'autorité de celui qui l'utilise.

Notre politique monétaire est gérée par l'Eurosystème qui regroupe la BCE et les Banques Centrales Nationales (BCN) de tous les pays ayant adopté l'euro. Nos BCN existent toujours, comme vous pourrez le vérifier vous-mêmes en vous rendant dans leurs bâtiments ou, soyons plus réalistes, devant. Leurs missions ont été réduites du fait du transfert de la plupart vers l'Eurosystème, mais elles sont encore bien occupées à mettre en œuvre tout ce qui, justement, est décidé à, et délégué par, Bruxelles. Elles doivent aussi s'occuper du contrôle du système financier national, de mener études et autres sondages, et de prêter de l'argent aux banques (locales) qui en auraient besoin.

Idéalement, une banque centrale est autonome, même si vous vous doutez bien qu'un gouvernement entretient des liens très étroits avec la sienne dont il n'est pas rare que le patron soit nommé directement par le Chef de l'État. Mais le principe est qu'un gouvernement lui confie une mission et que c'est à elle de se dépatouiller avec les outils dont elle dispose. Aux États-Unis, la mission de la Fed est la stabilité des prix et le plein emploi ; ici, c'est juste la stabilité des prix. Ce n'est pas un hasard

---

2. Appellation non officielle.

parce que s'il y a bien une chose qui déprécie la valeur d'une monnaie, c'est l'inflation.

Pour faire intelligent(e) dans les dîners

Grosso modo, la masse monétaire dépend de ce que l'on compte dedans :

M0 (« M zéro », pas « mô ») : l'argent émis par la banque centrale (les espèces + les réserves des banques commerciales sur leurs comptes à la banque centrale).

M1 : M0 + l'argent sur les comptes courants non rémunérés.

M2 : M1 + l'argent déposé sur les comptes de dépôt à très court terme (moins de deux ans)

M3 : M2 + l'argent investi sur les fonds obligataires et monétaires (les bouts de dette d'États et de sociétés que vous détenez).

L'inflation
La vie n'a pas
de prix

L'inflation, c'est ce truc qui vous fait dire que « la vie coûte de plus en plus cher » à tout bout de champ, même si, quand il s'agit de dire de combien, il n'y a plus personne alors que ce n'est pas complètement vrai et que la vie est toujours un cadeau. Pour celles et ceux qui se plaignent « qu'il n'y a plus de saisons », vous êtes au mauvais endroit. L'inflation n'y est pour rien, allez voir du côté du réchauffement climatique.

Tout comme la croissance se calculait à partir du PIB, l'inflation se calcule à partir d'un indice que vous connaissez bien : l'Indice des Prix à la Consommation. C'est comme un panier gigantesque dans lequel vous mettez les prix de milliers et de milliers (et de milliers) de produits et services consommés par les ménages.

Et on regarde combien ça coûte là-maintenant par rapport à ce que cela coûtait un mois avant, un an avant, 10 ans avant, au choix, tant qu'on a les chiffres.

C'est bien sûr plus facile à dire qu'à faire (et beaucoup moins assommant). Sur un an, la composition du panier n'évolue pas de façon dramatique, mais sur 10 ou 20 ans, si. Certains articles sortent du panier – celui qui sert à réviser les pensions exclut le tabac par exemple, puisque nous menons dorénavant tous une vie très saine, et dont la dilatation du prix pourrirait les statistiques – et d'autres y entrent – les ordinateurs n'ont pas toujours été inclus parce qu'ils n'ont pas toujours existé. Pour compliquer l'affaire, tous les produits ne restent pas identiques en qualité –

les ordinateurs justement. Toute augmentation de prix n'est pas forcément une question d'inflation. Comparez le prix des fraises en janvier et en juillet pour vous en convaincre. Il ne s'agit nullement d'inflation ici, mais de saisons, qui continuent d'exister quoi qu'en disent les grincheux.

Mesurée ainsi, l'inflation ne représente donc pas vraiment l'augmentation du coût de la vie parce qu'un consommateur n'achète pas tous les ans tous les articles dudit panier. D'où le fait qu'on ait créé un autre indicateur, judicieusement nommé « Indice du Coût de la vie », qui répond à ce besoin de râler.

L'inflation est une moyenne. C'est le prix du panier qui augmente. Ce n'est pas parce que l'inflation est de 2 %, que tous les prix augmentent de 2 %. Toi tu étais à 10, tu passes à… $10,2^1$. Toi tu étais à 20, tu passes à… $20,4^2$. Ce n'est pas parce que la moyenne de la classe de Pitibou a augmenté de 5 % que les notes de tous les élèves ont progressé d'autant, au grand dam de ses parents. Pitibou tient de son père. Certains prix vont augmenter plus que d'autres ; d'autres vont même baisser, mais le prix total du panier passera de 100 à 102 euros.

Une augmentation des prix est d'autant plus douloureuse que nos revenus ne progressent pas au même rythme et malheureusement peu d'entre nous bénéficient d'un salaire indexé sur l'inflation. Entre ceux qui n'ont pas vu la couleur d'une augmentation depuis des années, ceux qui ont droit à une enveloppe symbolique tous les 24 mois parce que, je cite, « on n'augmente jamais personne tous les ans », je ne sais pas pour vous mais, perso, les prix n'attendent pas la date anniversaire de mon entrée dans la boîte pour grimper – ladite boîte fabriquant des trucs dont le prix monte, lui, et fait progresser celui du panier, mais je m'égare. Pendant ce temps, c'est moi qui suis prise en sandwich entre l'augmentation du pain que je mange et l'inertie de celui que je gagne.

---

1. Et non pas « de 10 tu passes à 12 », ce qui correspondrait à une augmentation de 20 %.
2. Et non pas de « 20 tu passes à 22 ou 24, ou quoi que ce soit d'autre de faux ». Si vous vous faites avoir sur les deux, vous avez des soucis de calcul ET de concentration.

Ou que j'ai gagné, avant, et que j'ai économisé parce que je suis une personne très raisonnable qui anticipe l'avenir (et ai la chance de gagner suffisamment d'argent pour pouvoir en épargner). Le véritable souci, avec l'inflation, est d'ailleurs plutôt à ce niveau-là, car même si cela prend du temps, les salaires tendent à suivre le mouvement. En revanche, l'argent que j'ai mis de côté ne s'ajuste jamais tout seul, par magie. Et je ne peux rien y faire, ce qui est très triste.

Le billet de 100 que je retrouve derrière un coussin après l'avoir (mal) cherché pendant un an ne se sera pas transformé en un billet de 102. À la limite, je préfère, parce que ce serait flippant. Les 100 euros que j'aurais laissé traîner sur mon compte courant non plus. Vous me direz que j'aurais pu le placer sur un compte épargne. Là, le montant aurait changé parce qu'avec les intérêts, j'aurais plus.

Vrai. Si mon compte épargne me rapporte 2 % par an, mes 100 euros se seront transformés en 102 euros. Et si c'est pile poil l'inflation cette année-là, ça ne me permettra pas de m'acheter quoi que ce soit de plus. Je terminerai l'année comme je l'ai commencée. C'est toute la différence entre le taux **nominal** et le taux **réel**. Le taux nominal me dit de combien je me suis enrichie sur le papier, ce qui est fort intéressant. Le taux réel m'indique de combien je me suis enrichie pour de vrai, une fois l'inflation prise en compte, ce qui l'est encore plus vu que l'idée, quand on épargne, c'est un peu de faire fructifier son argent, pas juste de le mettre de côté.

Quand on parle de « taux » sans préciser duquel, on sous-entend qu'il s'agit de taux **nominaux**. C'est valable dans la vie en général, dans ce livre, et pour le banquier à qui vous confiez votre argent lorsqu'il vous vante les mérites d'un livret quelconque[3]. C'est vrai que c'est plus vendeur et que c'est un peu difficile pour lui de faire autrement. Il peut s'engager à faire changer les chiffres de 3 % (on peut toujours

---

3. Sauf si vous investissez dans un produit clairement labellisé « indexé sur l'inflation » auquel cas le taux annoncé sera un taux réel.

rêver) mais il ne peut rien promettre sur le niveau de l'inflation à venir, puisqu'elle n'a pas encore eu lieu et qu'il n'y est pour rien. Si finalement celle-ci s'avère être de 2 %, vous aurez gagné, **réellement**, 1 %[4].

Compte tenu des niveaux d'inflation léthargiques que nous connaissons ces derniers temps sous nos latitudes européennes, les taux réels ne sont pas très différents des taux nominaux, mais les choses n'ont pas toujours été ainsi et peuvent changer. Là-dessus, tout le monde ne vit pas et n'investit pas qu'en Europe. N'oubliez jamais la distinction.

---

4. En fait, 0,98 %.

Pour faire intelligent(e) dans les dîners

Le fait de déterminer le taux réel par une soustraction :

Taux Réel = Taux Nominal − Inflation

1 % = 3 % - 2 % dans notre second exemple

est une approximation.

3 - 2 font bien 1. C'est le fait d'utiliser la soustraction qui est une approximation.

Le taux réel se calcule en réalité avec une division :

Taux réel = (1 + taux nominal) / (1 + inflation) − 1

Taux réel = (1 + 3 %) / (1 + 2%) - 1

Tant que les taux sont petits, ça ne vaut pas le coup de se compliquer la vie et la soustraction donne des résultats très proches. En l'occurrence, le vrai Taux Réel est de 0,98 %, et le Taux Réel approximatif calculé avec la soustraction est de 1 %.

Faites le test avec des taux plus grands, ça fonctionne beaucoup moins bien.

Vous entendrez peut-être parler de « Stagflation ». Contrairement ce que son nom peut laisser croire, il ne s'agit pas d'une stagnation des prix mais d'une situation économique marquée par de l'inflation et un taux de chômage élevé (plutôt caractéristique d'une déflation).

Un peu d'inflation, ça va ; Beaucoup, bonjour les dégâts

La stabilité des prix est si importante qu'on en a fait la première mission de notre autorité monétaire (l'Eurosystème). Son objectif est que l'Indice des Prix à la Consommation Harmonisé[1] progresse à un niveau proche, mais inférieur à, 2 % par an.

D'accord, mais pourquoi 2 ? Et pas 5 ? Ou 20 ? Ou même, tiens, tant qu'on y est, - 5 ? Quitte à lancer des chiffres au hasard…

On dit souvent de l'inflation que c'est une taxe sur la consommation, parce qu'elle entraîne une érosion du pouvoir d'achat, mais aussi sur l'épargne, puisqu'un épargnant-prêteur (épargner, c'est prêter) gagne réellement moins que (nominalement) prévu. Évidemment, l'inverse s'applique à l'emprunteur, exactement dans les mêmes proportions, et exactement pour les mêmes raisons. C'est pour cette raison qu'emprunter est très à la mode quand l'inflation est significative. Comme vous pouvez être l'un et/ou l'autre, c'est une bonne nouvelle et c'est à peu près la seule à ce niveau de l'histoire.

Quand l'inflation est trop forte, les consommateurs-(électeurs) peinent à s'acheter la même chose d'une année sur l'autre, ces mêmes consommateurs-électeurs-(épargnants) ont de moins en moins d'argent à mettre de côté. Ceux à qui ils restent quelque chose ne sont finalement plus trop sûrs de vouloir investir vu ce que cela leur rapporte réellement.

---

1. Voir détails en note de fin de chapitre.

Gagner 5 % sur un compte épargne quand l'inflation est de 15 % n'a rien de motivant[2].

L'inflation peut même dégénérer en hyperinflation. Celle qui a sévi en Allemagne[3] au lendemain de la première guerre mondiale est largement suspectée d'avoir contribué à la montée du nazisme. Mais même sans aller jusqu'à ses extrémités, la machine économique s'affole, puis se casse.

Modérer l'inflation est donc un objectif tout à fait louable. D'autant qu'un peu d'inflation, honnêtement, ça va. D'ici à ce que la foule s'en rende compte, elle est facile à tenir. Personne ne fait de petits graphiques reprenant l'évolution des prix sur les 10 dernières années, sauf deux-trois personnes rudement occupées et, bien sûr, toutes celles dont c'est le métier. À part pour celles et ceux dont le budget est malheureusement ficelé comme un rôti, l'inflation est quasi indolore. Mais même si cela ne fait pas trop mal, pourquoi se fixer un objectif de 2 % ? Parce que des prix qui augmentent de 2 % par an, même en moyenne, ce ne sont pas des prix stables. Puisqu'ils augmentent (je sais, je suis pénible). Quitte à lutter contre, ce ne serait pas mieux de se fixer un objectif de 0 (les prix de cette année sont les mêmes que ceux de l'année dernière et ceux de l'année prochaine) ? En fait, non. 2 %, c'est pas mal.

Une inflation modérée incite à consommer maintenant, ce qui stimule l'économie, mais ne dissuade pas d'épargner (donc d'investir). Même si tous les consommateurs ne basent pas leurs décisions d'achats sur des algorithmes intégrant leurs anticipations inflationnistes, ils ont en moyenne conscience que les prix montent, et qu'ils feraient bien de ne pas trop tarder pour certaines dépenses. Comme on ne serait pas contre

---

2. Taux Réel de -8,7 %, comme expliqué au chapitre précédent $((1 + 5\%) / (1 + 15\%)) -1$.

3. En 1922, 1 dollar s'échangeait contre 422 marks. Deux ans plus tard, il était à 433. Milliards de marks.

un peu de croissance, ma foi, s'il faut 2 % d'inflation, on ne va pas chipoter.

Ensuite, il y a une chose qui fait encore plus peur aux autorités que l'inflation. C'est la déflation : l'inflation négative. Les prix baissent. À première vue, vous pourriez trouver saugrenu que votre gouvernement s'acharne à lutter contre un phénomène qui, par définition, augmenterait votre pouvoir d'achat puisque c'est le contraire de l'inflation. Vous ne seriez pas contre une baisse des prix ce qui, vous pouvez le jurer, vous inciterait franchement à consommer.

Sauf que, déjà, les prix diminuent rarement de franchement beaucoup (alors qu'ils peuvent vraiment grimper avec l'inflation). Les producteurs ont toujours plus de mal à changer leurs prix dans ce sens-là vu qu'ils ont déjà engagé des dépenses (pour leurs matières premières notamment). Ensuite, à moins d'y être absolument contraint, vous allez faire comme tout le monde, vous allez vous crisper sur vos économies et attendre. Les consommateurs rechignant à acheter, les producteurs sont moyen motivés pour produire quoi que ce soit. Petit à petit, la machine ralentit, puis s'arrête.

Bon, et alors ? La machine économique cale dans les deux cas. Avec l'inflation, tout le monde se dépêche de consommer, avant que l'argent ne perde de sa valeur, et plus personne ne veut épargner/investir. Avec la déflation, plus personne ne veut consommer et tout le monde met son argent de côté. À la limite, autant en profiter un peu avant, non ?

Non, car il est malheureusement beaucoup plus difficile de relancer la machine économique en cas de déflation.

En cas d'inflation, les autorités monétaires peuvent vous inciter à investir votre argent (au lieu de le dépenser tout de suite, avant qu'il ne perde de sa valeur) en faisant monter les taux d'intérêts à un niveau qui vous motivera. À 3 %, toujours pas ? Alors à 5 % ! À 10 % ! (Continuer jusqu'à ce que ça fonctionne).

En cas de déflation, on peut faire l'inverse et baisser ces taux. La populace devrait trouver nettement moins marrant de placer son argent quand son livret passera de 3 % à 2 % voire à 0,75 %[4]. Et puis tiens, cela lui donnera peut-être la brillante idée de le dépenser (ce qui relancerait

---

4. La rémunération du Livret A à fin 2016.

la machine économique au passage). Excellente idée ! Mais jusqu'où ? Quand on arrive à 0, on fait comment ? On fait payer les prêteurs pour prêter ? La question est loin d'être anodine et mérite d'être traitée (ce qui sera fait un peu plus loin). Disons à ce stade que si on n'a pas résolu le problème avant d'arriver à zéro, on est quasi-coincé et on est un peu obligé de sortir l'artillerie lourde. À cause de cette limite bassement mathématique vers le bas, il est beaucoup plus difficile de faire repartir la machine une fois qu'on est en déflation. Merci aux inventeurs du zéro.

Ce phénomène fait tellement peur qu'on préfère encore avoir une légère inflation, histoire d'avoir un coussin de sécurité. Alors tant pis si la valeur de l'argent s'érode un peu avec le temps. Tant pis si ceux qui prêtent ne gagnent pas réellement autant que ce qu'ils pensaient… Tant mieux pour ceux qui empruntent.

Et puis d'ailleurs, qui est très endetté et ne sait plus trop comment rembourser ? L'État. Les choses sont bien faites quand même.

Pour faire intelligent(e) dans les dîners

Tous les pays ne mesurent pas leur Indice des Prix à la Consommation exactement de la même façon car tous ne consomment pas exactement la même chose dans les mêmes proportions. Au niveau de la zone euro, l'Eurosystème harmonise tous ces indices afin de tenir compte de ces différences (d'où le nom d'Indice des Prix à la Consommation Harmonisé - IPCH).

Selon l'INSEE, notre Indice des Prix à la Consommation national et l'IPCH ne sont pas très différents et les écarts résultent surtout du fait que l'IPCH n'inclut que ce qui reste à la charge directe du consommateur alors que notre Indice comptabilise le prix d'achat global.

On entend parfois dire que la croissance provoquerait l'inflation (relisez bien, je l'ai écrit dans l'autre sens). Si d'aventure cela parvenait à vos oreilles, la Théorie de l'inflation dite « par la monnaie » stipule que :

Masse Monétaire x Vélocité = Prix x PIB

Tant que ni la Masse Monétaire ni la Vélocité ne changent (donc que leur produit reste constant), une augmentation du PIB (une croissance, donc) induit mathématiquement une baisse des prix.

Note : la vélocité correspond la vitesse de circulation de l'argent (combien de fois le billet change de main).

Décrypter les bitcoins

Si ce terme n'évoque rien pour vous, ne vous affolez pas… (mais sortez un peu de chez vous). Après tout, vous n'avez probablement jamais entendu parler du manat ou du quetzal qui sont respectivement les devises du Turkménistan et du Guatemala. À moins d'y être allé(e), ou d'être numismate, vous n'avez aucune raison de le savoir, mais vous savez que ce sont des pays et vous pouvez les placer sur une carte (je plaisante ! Surtout pour celui en –stan).

Le terme « bitcoins » est un néologisme issu de l'association des mots anglais « bit » et « coins », les deux étant bien sûr de faux-amis puisqu'ici le premier fait référence à l'unité informatique, le « bit » (le T se prononce en français, comme en anglais), et le second (à prononcer « coïns » et non pas « coin » comme dans « les canards font coin-coin ») aux pièces de monnaie.

Les Bitcoins sont une « monnaie »[1] digitale inventée par un informaticien de génie qui répondait en 2009 au pseudonyme de Satoshi Nakamoto, et aujourd'hui aux abonnés absents (il serait « sorti du projet »). Si ce Monsieur Nakamoto voulait bien donner de ses nouvelles, ou au moins confirmer qu'il en est sorti vivant, ce serait gentil.

---

1. Je mets des guillemets à « monnaie » pour faire plaisir à ceux qui considèrent qu'elle n'en mérite pas le titre. Qu'ils me pardonnent ce raccourci qui m'évite d'avoir à écrire « ce-que-certains-considèrent-comme-une-monnaie-mais-d'autres-pas ».

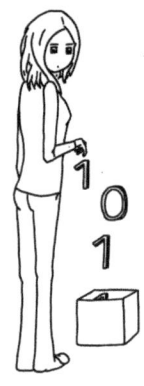

Quoi qu'il en soit, cette monnaie sert sur la Toile et laisse beaucoup de monde perplexe.

Qu'il s'agisse d'une monnaie virtuelle ne devrait pas vous perturber ; vous ne faites *a priori* pas de différence entre un euro-pièce (papier) et un euro-carte-bleue (digital).

Qu'elle ne repose sur « rien » n'est pas choquant non plus. Cela fait belle lurette que les devises que nous utilisons n'ont de valeur que parce que nous sommes tombés d'accord – plus ou moins consciemment – pour dire qu'elles en avaient. Ce ne sont plus que des chiffres et/ou du nickel voire du papier. Nos monnaies sont dites « fiduciaires », parce que « *fiducia* » veut dire « confiance » en latin. En l'occurrence, confiance entre nous mais surtout envers nos banques centrales, responsables du maintien de leur valeur.

Comme tout le monde n'était pas convaincu qu'elles remplissaient parfaitement leur mission, l'idée a germé qu'une monnaie pourrait ne plus dépendre d'elles. C'est le cas du Bitcoin, puisqu'il sort du chapeau de cet informaticien qui en a, tant qu'à faire, aussi fixé les « réserves » totales : à terme, il y en aura 21 millions et pas un de plus. Comme ça, finie la dilatation de la masse monétaire ; finie l'inflation !

Là où l'expérience est particulièrement intéressante, d'un point de vue purement scientifique, c'est qu'il risque quand même d'y en avoir quelques uns « de moins » parce que, dans la vraie vie, on ne peut décemment pas espérer que personne n'en égarera ici ou là. Un ordinateur qui vous plaque sans préavis, et sans avoir été sauvegardé… et l'accès à la clef informatique qui vous permettait d'utiliser vos bitcoins disparaitra. Vos bitcoins sortiront du jeu, piégés dans un porte-monnaie devenu totalement inaccessible. À terme, le stock de monnaie ne pourra donc que baisser. Par construction, les Bitcoins sont une monnaie déflationniste.

L'expérience est audacieuse, mais ce n'est pas vraiment pour cela qu'on nous rebat les oreilles avec. C'est surtout parce qu'elle repose sur une technologie qui, pour le coup, est une véritable révolution : la Blockchain (chaîne de blocs).

Derrière ce nom un peu ésotérique (en anglais comme en français) se cache un concept novateur qui consiste à enregistrer toutes les transactions, au fur et à mesure qu'elles ont lieu, dans des blocs (de données) les uns après les autres. Un bébé bitcoin se « matérialise » sous la forme d'un bloc de données qui dit qu'il est un bitcoin tout beau tout neuf et qu'il appartient à Truc. Le jour où Truc l'utilise pour payer Machin, cela crée un second bloc qui raconte tout ça (qui, combien, quel jour et à quelle heure), et ainsi de suite.

En moins de temps qu'il n'en faut pour le dire, et au fur et à mesure qu'il passe de porte-monnaie en porte-monnaie (électronique), vous avez une chaîne de blocs (d'où le nom) reliés entre eux par un procédé cryptographique permettant (notamment) de s'assurer que les informations contenues dans ces blocs sont bien les bonnes – que Truc est bien le propriétaire de cet argent, qu'il ne l'avait pas déjà dépensé, que c'est bien lui qui fait le virement… Bref, tout ce qu'une banque fait normalement sauf que pour les Bitcoins, ce n'est plus elle qui s'en occupe mais des participants, volontaires, qui donnent des vitamines à leurs ordinateurs pour résoudre les fameux algorithmes de (dé)cryptage. En échange de leurs bons et loyaux services, ces « mineurs » (c'est le vrai nom) gagnent quelques bitcoins issus des frais de transaction[2] et/ou spécialement créés pour l'occasion.

Ces nouveaux bébés bitcoins viennent tout droit de la mine imaginaire de M. Nakamoto et font grossir le stock en circulation, au moins jusqu'en 2140 puisque c'est (à peu près) à cette date que tous devraient avoir été « découverts » (« minés »). Vous pouvez acheter des « vieux » bitcoins découverts par d'autres sur une plateforme dédiée ; il n'y a qu'en « minant » que vous pouvez en acquérir des « neufs ». Tout

---
2. Les frais de transaction sont aujourd'hui facultatifs parce que les mineurs peuvent se rémunérer avec les neufs. Quand tous auront été minés, ces frais seront probablement obligatoires.

comme vous pouvez avoir un billet tout pimpant tout neuf et un autre déjà passé de main en main, sauf que le billet n'a pas d'étiquette qui raconte son parcours en détail. Normalement, les deux valent la même chose mais il peut y avoir un décalage, surtout lorsqu'une fraude rend tout le monde suspicieux.

Contrairement aux apparences, ce petit aparté technologique n'est pas une digression parce qu'il me permet d'attirer votre attention sur le fait que pour que les mineurs minent, il faut que les informations soient disponibles (ben oui…). C'est ce que dénoncent les banques qui trouvent l'idée toute nulle parce que leurs clients n'ont aucune envie que leurs transactions soient visibles par quiconque possédant le logiciel adéquat (et pas du tout parce qu'elles ne feraient pas partie de ce nouveau système). Pas faux. Ceci dit, avec les Bitcoins, la transparence est très relative : les adresses des participants sont des pseudonymes totalement aléatoires du type gdaEEcD45kdDG873 en plus long et une même personne peut s'en créer autant qu'elle veut. Ce pseudo-anonymat a permis à la plateforme *Silk Road* (Route de la Soie) de prospérer jusqu'à sa fermeture en octobre 2013 par les autorités américaines (rapport au fait qu'on pouvait y acheter un certain nombre de produits illicites comme de la drogue).

Le fait que l'historique des transactions soit connu (et enregistré/ dupliqué) par tous les mineurs (soit quelques milliers de copies dans le monde) protège des modifications rétroactives. On peut ajouter une nouvelle transaction, on ne peut (théoriquement) pas changer celles qui ont eu lieu. Pour lutter contre les fraudes, c'est une excellente idée ; pour lutter contre les erreurs, moins. Nul n'est à l'abri d'une faute de frappe. Et je veux bien croire que la Blockchain des Bitcoins soit hyper sécurisée, mais mon ordinateur ne l'est pas tant que ça. Il l'est, bien sûr, mais ce n'est pas la NSA non plus.

Pour faire intelligent(e) dans les dîners

Les Bitcoins et ses amies (car Bitcoin n'est pas la seule, c'est juste la plus connue) sont des crypto-monnaies parce que leur sécurité repose sur la résolution d'algorithmes de cryptage. Cette activité de « minage », qui permet au réseau de fonctionner, nécessite beaucoup de puissance informatique et donc, incidemment, de puissance électrique. Alors cela résout peut-être un problème financier, mais cela n'aide pas celui du réchauffement climatique.

Faire l'amalgame entre Blockchain et Bitcoin revient à confondre Internet et Facebook. Le premier est une technologie, le second est une application.

Facebook utilise (entre autres) la technologie Internet, mais Internet n'est pas que Facebook (heureusement).

Les Bitcoins utilisent (entre autres) la technologie Blockchain, mais la Blockchain peut servir à beaucoup d'autres choses.

En juin 2016 un Australien nommé Craig Wright a bien failli mettre fin au suspense quand il a annoncé – dans l'ordre – qu'il pouvait, qu'il allait, mais qu'il n'avait finalement plus le courage de prouver qu'il était le vrai M. Nakamoto. À ce jour, et sauf scoop post impression, on ne connaît donc toujours pas sa véritable identité.

...

...

La sécurité des crypto-monnaies est l'argument le plus souvent avancé, mais le fait est qu'on dénombre déjà un certain nombre d'incidents.

En 2014, la principale plateforme d'échange MtGox a mis la clef sous la porte après la perte (comme dans « désolés, on ne sait pas où ils sont » de 850.000 bitcoins valant alors approximativement 470 millions de dollars).

Plus récemment en juin 2016, des petits malins ont réussi à dérober près de 50 millions de dollars (en Ether, l'autre grande crypto-monnaie). Et devinez à qui ils les ont volés ? À la DAO (*Decentralized Autonomous Organization*) justement créée pour démontrer que le système était sûr.

Le Turkménistan est un pays d'Asie Centrale bordé, dans le sens des aiguilles d'une montre par le Kazakhstan, l'Ouzbékistan, l'Afghanistan, l'Iran et la mer Caspienne.

LES BANQUES, CES MÉCONNUES

Banques commerciales
Un rendu pour un prêté

Les Bitcoins permettraient donc de se libérer de l'emprise des Banques Centrales – ce dont, disons-le franchement, le citoyen moyen se fiche – et de squeezer les banques commerciales – ce qui suscite déjà plus d'enthousiasme, ne serait-ce que pour des raisons de karma. Surtout quand on voit que les banques font n'importe quoi… même si apparemment ce qu'elles font n'est pas clair pour tout le monde. Alors…

Beaucoup de gens se représentent une banque comme un coffre-fort où ils peuvent entreposer leur argent pour qu'il soit bien à l'abri, occultant étrangement le fait que l'essentiel de cet argent n'a jamais été déposé là sous forme de billets, mais qu'il y est arrivé par la magie de l'informatique sous forme de chiffres. En soi, l'idée du coffre-fort n'est pas fausse, c'est même dans cette optique que les banques ont été inventées il y a très, très, longtemps. Il est beaucoup plus prudent de conserver son argent dans une banque que de le garder sous son matelas ou pire, sur soi. Les banques ont effectivement des coffres-forts dans leurs locaux, en général, dans la salle du fond. Je dis ça pour éviter aux braqueurs de perdre du temps et d'affoler tout le monde. D'ailleurs, tant qu'à tout leur dire, inutile de se ruer dessus, la moitié des coffres sont vides et les autres contiennent surtout des papiers. Le « vrai » coffre où est l'argent du guichet ne contient pas grand-chose comme vous pourriez le constater si vous demandiez à votre banquier de vous donner en billets tout l'argent de votre compte. Si les banquiers exigent un petit délai (quelques jours, selon le montant de vos avoirs), c'est bien parce que tout l'argent n'est pas là. À la limite, si vraiment vous êtes parti(e) pour commettre un délit, ce que je ne peux que vous déconseiller, attaquez un distributeur et laissez le personnel tranquille. Quoi qu'il en soit, vous pouvez effectivement louer un coffre dans votre agence pour y entreposer vos billets, vous seriez juste le seul. Imaginer que les banques sont des coffres-forts géants est un peu réducteur. Mais c'est super mignon !

D'autres personnes font le lien entre l'argent qui y est déposé et tous les crédits que les banques accordent et se disent que, quand même, la coïncidence est trop forte pour que ce soit un hasard. Que, peut-être, les banques feraient l'intermédiaire entre les uns et les autres, les premiers ayant de l'argent « en trop » (par rapport à ce dont ils ont besoin là, tout de suite), les seconds ayant justement besoin de plus (là, maintenant). Bien vu ! Une banque est bien un intermédiaire financier. Mais pas forcément celui que vous croyez.

Elles ne refilent pas l'argent des uns aux autres. Si c'était le cas, les clients ne pourraient récupérer leur argent que lorsque (et si…) l'heureux bénéficiaire du prêt correspondant l'aurait remboursé. Désolés Monsieur Bidule, mais votre argent a été prêté à Machin qui a fait faillite (LOL[1]). Nous restons à votre entière disposition, et blablabla et blablabla.

Cela a été le cas, c'est vrai. Autrefois, quand les banquiers ont découvert qu'ils pouvaient faire plus que juste stocker l'or des voyageurs et gagner de l'argent (en or) en faisant des crédits, ils prêtaient bien les lingots des uns aux autres. Mais ça, c'était avant. Aujourd'hui, les banques ne prêtent pas l'argent de leurs clients et autant vous le dire tout de suite, elles ne prêtent pas non plus le leur. Vous imaginez ce qu'elles devraient avoir en stock si c'était le cas ? Mais alors… d'où vient cet argent ? La réalité est beaucoup plus simple, tellement peut-être que cela crée une certaine confusion.

---

1. *Laughing Out Loud*, également MDR – Mort De Rire.

Les banques ne prêtent pas à Machin l'argent de Bidule. Elles prêtent à Machin et empruntent à Bidule, et elles le font dans cet ordre-là. Lorsque vous déposez votre argent sur votre compte à la banque, vous le prêtez à la banque. Vous avez bien lu : Bidule prête à la banque, et pas à Machin.

Machin et Bidule n'ont qu'un seul interlocuteur (la banque), Bidule n'a pas moins d'argent parce que sa banque prête à tour de bras. Mais Machin en a plus[2]. Ils ne se connaissent pas (ou alors c'est un hasard).

Ce qui semble n'être qu'une subtilité grammaticale n'en est pas une. Une banque qui octroie un crédit crée de l'argent. Au sens « Et la lumière fut ». L'argent ne vient pas d'un compte spécial qui s'appellerait « pour être prêté à qui suppliera ». Il ne vient pas de « réserves » cachées (ou stockées à la banque centrale...[3]). Il n'existait pas avant, pas du tout, nulle part, il vient du néant par la magie de l'informatique.

Quelqu'un (*a priori*, le banquier) quelque part (*a priori*, dans la banque) allume son ordinateur, ajoute le montant sur votre compte et fait un nœud à son mouchoir pour se rappeler de vérifier que vous le remboursez comme convenu.

On dit que les prêts créent les dépôts : quand une banque vous prête de l'argent (faisant de vous son débiteur), elle vire l'argent sur votre compte (faisant de vous son créancier).

Et de un, vous lui devez de l'argent (le montant du prêt) ; et de deux, elle vous doit ce même argent (le montant du prêt déposé sur votre compte).

Cela peut paraître incroyable dit comme ça, mais cela répond à une question que tout le monde s'est posé au moins une fois dans sa vie : où pousse l'argent ? Dans les banques, tout simplement. Ce pouvoir extraordinaire n'est conféré qu'aux banques et, bien évidemment, elles ne peuvent l'exercer que pour « les Autres » (ses clients normaux), pas pour elles-mêmes ni pour leurs copines-banques[4].

---

2. Au moins temporairement, tant qu'il n'a pas remboursé.
3. Ça tombe peut-être comme un cheveu dans la soupe à ce stade de l'histoire, mais cette remarque n'est pas là par hasard. Continuez votre lecture...
4. Voir note précédente.

Ce qui les retient de multiplier les euros comme des petits pains sur le lac de Tibériade vient plutôt du fait que tout le monde n'a pas faim – pour qu'une banque fasse un crédit (et crée de l'argent, donc), il faut que quelqu'un en fasse la demande.

Et il faut que cela soit rentable pour la banque.

Ma banque peut-elle se planter ?
(Risque de solvabilité)

Oui, elle peut. Si c'est tout ce que vous vouliez savoir, vous pouvez passer au chapitre suivant. Si vous voulez aussi savoir pourquoi, vous pouvez lire ce qui suit.

Une banque est une entreprise, donc, oui, pour peu que ses coûts dépassent ses revenus, elle peut faire faillite et vous laisser tout triste sur le bord de la route, comme n'importe quelle autre entreprise. Dites-vous bien que cela est arrivé plus d'une fois dans l'histoire et que, contrairement à ce que les media pourraient laisser croire, le phénomène est beaucoup moins répandu de nos jours ; surtout que pour le coup, les banques sont beaucoup plus contrôlées et supervisées qu'autrefois. Dites-vous aussi que compte tenu du rôle des banques dans l'économie (réelle), une partie de vos avoirs est garantie par les plus hautes autorités (100.000 euros par personne en France à fin 2016 mais les montants varient selon les pays). Mais quand même, c'est une entreprise, dont l'activité est plutôt risquée, mine de rien.

Elle prête de l'argent à plutôt moyen-long terme (20 ans pour un prêt immobilier par exemple) et gagne les intérêts que ses clients paient sur l'opération.

Elle emprunte de l'argent essentiellement à court terme (puisque vous pouvez retirer votre argent quand bon vous semble sans préavis) et dépense les intérêts qu'elle vous paie pour votre participation (sur votre livret épargne notamment).

Quand on dit, en général et au chapitre précédent en particulier, qu'une banque est un intermédiaire financier, c'est de cela qu'on parle. Une banque ne fait pas l'intermédiaire entre ses clients, elle fait l'intermédiaire dans le temps.

En temps normal, les intérêts à long terme (qu'elle reçoit) sont plus élevés que ceux à court terme (qu'elle paie). C'est logique : demandez un crédit à 1 an et un autre à 10, vous verrez qu'on vous fera payer le second plus cher. Plus l'écart entre les deux taux est grand, plus cela améliore sa marge, plus elle est contente.

Bien sûr, les taux d'intérêt ne restent pas pile au même niveau pendant 20 ans, les longs comme les courts. Les premiers peuvent baisser et les seconds monter (l'inverse aussi, mais ça ne serait pas un problème du tout pour la banque alors on va mettre ce scenario de côté. Si elle gagnait 10 % et dépensait 4 %, ça va moyen l'amuser que ces taux passent respectivement à 8 % (baisse de ses revenus) et 6 % (augmentation de ses coûts). Squik la marge ! En termes techniques (mais relativement explicites), on parle de Risque de Taux (parce que « Taux d'intérêts »).

C'est un risque très réel, surtout depuis la campagne « Déversons de l'argent sur les banques pour sauver l'euro » (l'autre nom du *Quantitative Easing*) car c'est exactement ce qu'il s'est passé. On parle d'aplatissement de la courbe des taux : les taux à long terme ne sont plus si hauts par rapport aux taux à court terme. On peut à cette occasion admirer l'ingéniosité des banquiers qui ont instauré récemment des frais de tenue de compte, histoire de se récupérer un peu.

Rien ne dit que cette nouvelle marge sera suffisante vu qu'elle a quand même pas mal d'autres coûts à amortir comme ses agences, son personnel (très cher, le personnel…) ou les paumes qu'elle se prend.

L'argent qu'elle a créé en faisant un crédit ne venait de nulle part, mais une fois créé, il existe bel et bien. Et comme la banque n'a pas prêté votre argent, la paume est pour elle.

Si vous, humble personne, prêtez à Machin et empruntez à Bidule, vous devrez rembourser Bidule quoi qu'il advienne, même si Machin meurt sans avoir réglé ce qu'il vous doit. Si besoin, vous taperez dans vos réserves pour éviter que Bidule ne vous coince dans une ruelle et ne vous casse les doigts un par un. Vous n'aviez pas vraiment prévu d'utiliser vos (propres) fonds, mais là, c'est un peu tout ce que vous avez sous la main (celle qui vous reste).

Un client qui laisse une ardoise ici ou là, c'est gérable. Mais pour peu que soit lancée une grande opération du type « Et si on prêtait à des gens qui ne pourront de toute évidence pas rembourser ? » (en Amérique, on les appelle les *subprimes*), cela peut représenter un peu trop pour la banque qui ne pourra pas amortir le choc avec ses autres revenus et devra taper dans son coussin (en langage comptable : ses fonds propres).

Une banque confrontée à ce genre de pépins peut absorber des pertes pendant quelques temps, mais le coussin n'est pas infini, aucun coussin ne l'est sauf intervention divine des autorités. Il peut arriver un moment où la banque n'a plus assez de capitaux pour éponger les pertes. On dit alors qu'elle n'est plus solvable. Ce qu'elle doit est supérieur à ce qu'on lui doit.

Vous comprendrez bien qu'on demande aux banques d'avoir un coussin suffisant au cas où les choses tourneraient mal. Elles doivent respecter différents ratios prudentiels dits « de solvabilité » (puisqu'ils sont là pour confirmer que les banques sont bien solvables).

Ces ratios dépendent à la fois de ce qu'on pense être un coussin et des risques pris.

Que peut-on compter comme « fonds propres » (tous ont-ils la même capacité d'absorption des chocs ? ou pas ?). Doit-on n'inclure que le capital au sens strict du terme (ce que les actionnaires apportent quand ils créent la société ou quand ils remettent au pot quand il le faut) ? Ou peut-on y ajouter certaines dettes ?.

Doit-on exiger autant pour un prêt à quelqu'un de pas risqué du tout que pour un prêt à quelqu'un dont l'historique bancaire ressemble à une bataille de polochons ? La réponse est non, bien sûr, car avec le premier, le tapage-dans-coussin reste très théorique alors qu'avec le second, on est plus dans l'anticipation. Vous me direz, les banques ne prêtent qu'aux riches. Pas vraiment, mais le peu de vrai qu'on peut trouver dans cet adage vient précisément de là. Moins la personne a besoin de ce que vous lui prêtez, moins elle est risquée… et moins vous devez bloquer de capital pour servir d'oreiller. Résultat, en renforçant cette protection (ce qui n'est pas une mauvaise idée en soi), on n'incite pas vraiment les banques à prêter aux plus fragiles, notamment aux petites entreprises.

Conclusion, oui, votre banque peut ne plus être solvable et se planter. Ce sont des entreprises ! Mais entre nous, ce qui fait la véritable particularité d'une banque, et qui l'expose à un danger qui lui est bien spécifique, c'est le risque de liquidité.

Pour faire intelligent(e) dans les dîners

Les ratios prudentiels de solvabilité ont évolué (suite à la dernière crise ce qui n'est pas un hasard). Ceux qui ont cours actuellement, dits de Bâle III, ont été décidés en 2010 et leur mise en place s'étale sur plusieurs années (les négociations continuent…). Des ajustements ont été instaurés entre temps ce qui fait dire à certaines personnes que nous serions finalement dans l'ère de Bâle IV. Ce n'est techniquement pas vrai, cela leur permet juste de pousser des cris d'orfraie et de tenter d'apitoyer les régulateurs sur le coût monstrueux que ces nouvelles et impitoyables exigences font peser sur elles.

Ces ratios portent des noms un peu ésotériques pour quiconque n'a pas de bagage conséquent en comptabilité (*Common Equity Tier One*, à prononcer à l'américaine « Tire Ouane »), *Tier One* (tout court), …

Techniquement, ces ratios comparent différents niveaux de fonds propres aux risques pris par les banques, notamment sur les prêts octroyés.

Les banques, jusqu'à plus-soif... (Risque de liquidité)

Donc, maintenant, vous savez :

Qu'une banque prête à des gens et emprunte à des gens. Parfois les mêmes, parfois pas.

Qu'elle n'a besoin de rien d'autre pour faire un prêt que d'un ordinateur (doté d'un pavé numérique) et d'un peu d'électricité.

Deux chapitres résumés en 3 phrases. C'est mieux si vous les avez lus.

Bref. Ce mécanisme, fort rémunérateur en temps normal, est en réalité l'une des plus grosses fragilités du système bancaire. Les choses seraient beaucoup plus simples pour les banques si vous laissiez votre argent là où il est (sur votre compte), mais c'est un fait, vous pouvez le demander quand bon vous semble.

En temps normal, tous les clients d'une banque ne viennent pas tous retirer tout leur argent le même jour et les choses s'équilibrent à peu près. Ce que vous retirez au distributeur pour payer l'épicier est redéposé rapidement par notre brave homme sur son compte à sa banque. Un coup ça va de la vôtre à la sienne, un autre coup ça va de la sienne à la vôtre.

En temps pas normal, les gens deviennent nerveux et commencent à s'interroger sur la solidité de leur(s) banque(s) et la situation peut vite devenir catastrophique. La banque de Monsieur Duchmul peut être parfaitement solvable (on lui doit plus d'argent qu'elle n'en doit) mais avoir un petit problème de liquidité (elle doit le recevoir plus tard, après

la visite de Monsieur Duchmul, donc en fait trop tard). Monsieur Duchmul est gentil, mais il ne va pas philosopher longtemps sur le fait que sa banque a un problème de liquidité et pas de solvabilité et il ne va pas se priver de le faire savoir.

En moins de temps qu'il n'en faut pour le dire, tous les autres clients vont se ruer pour (tenter) de récupérer leur argent, et les clients des autres banques aussi parce que, c'est bien connu, les banquiers sont tous des escrocs. On parle de « *bank run* » (de « *bank* » pour « banque » et « *run* » pour « courir », sous-entendu, les plus rapides pourront peut-être sauver les meubles).

Afin d'être en mesure d'agréer votre requête et pour prévenir ce type de crise, les banques doivent donc, rebelote, respecter un ratio dit « de liquidité » qui mesure ce qu'elles ont en stock de « liquide » (ou ce qui peut très rapidement et assez sûrement être transformé en liquide) par rapport à ce qu'elles seraient susceptibles d'avoir à rendre si ses clients débarquaient à la queue leu leu pour retirer leurs sous pendant 30 jours de suite et de panique (pas 30 jours « normaux »). Au cas où.

Ce « liquide » est constitué d'argent liquide, bien sûr, mais aussi d'obligations d'État (qui sont hyper faciles à revendre sur le marché et donc à « transformer » en cash). Il inclut aussi, et surtout, les fameuses réserves.

Ces réserves de « liquidité » sont de l'argent « déposé » par une banque sur son compte à la banque centrale. Chez nous ces réserves sont obligatoires mais ce n'est pas le cas partout. À fin 2016, elles étaient de 1 % des dépôts à vue ou disponibles au plus à 2 ans : ce n'est pas très élevé, et ce n'est pas très dur à calculer (pour 100 euros déposés par un client, la banque doit obligatoirement avoir 1 euro en réserve sur son compte).

Ça l'est d'autant moins que, pour tout vous dire, les réserves exigées ne sont pas contemporaines des dépôts. Les banques doivent avoir sur leur compte les réserves correspondant à 1 % des dépôts de leurs clients, oui, mais ceux de plusieurs semaines avant, et « en moyenne » sur une période d'un mois, un mois et demi[1]. Certains jours ce sera plus, certains jours ce sera moins. Si « en moyenne », on y est, ça passe. Pas une méga-surprise donc. Surtout que si quelqu'un est censé savoir compter en ce bas-monde décadent, ce sont bien les banquiers !

Sauf que les réserves ne servent pas qu'à protéger contre le risque de liquidité. Elles servent aussi, et surtout, à réaliser les paiements entre banques.

Vous avez dû remarquer que vous pouviez envoyer et recevoir de l'argent à et de personnes qui n'étaient pas clientes de la même banque que vous. Ce petit miracle ne peut s'accomplir qu'à condition que vos banques respectives aient un interlocuteur commun car leurs ordinateurs à elles ne sont pas connectés. Elles doivent donc passer par une plate-forme dont elles sont toutes les deux clientes et c'est souvent la banque centrale qui s'y colle. Pas toujours, parce que d'autres lieux de rencontre existent et qu'il faut parfois envoyer l'argent encore plus loin (à l'étranger notamment), mais c'est une option de choix pour les banques qui aiment assez l'idée que l'intermédiaire ne risque pas de faire faillite pile au mauvais moment.

Donc autant le banquier sait combien de réserves il est censé avoir dans 1 mois pour satisfaire aux exigences de ratio prudentiel, autant pour les virements quotidiens, chaque jour réserve son lot de surprises, pas forcément bonnes.

Une banque qui se retrouve « dans le rouge » va devoir emprunter, exactement comme c'est le cas pour vous quand vous tapez dans votre découvert. Si vous êtes dans le rouge, c'est que trop de paiements sont passés par rapport à ce que vous aviez et que quelqu'un (la banque) a avancé ce qui manquait ; s'il ne l'avait pas fait, vous seriez à 0 et pas dans le rouge. Et vous auriez quelques paiements en l'air ce qu'une banque centrale ne peut décemment pas laisser arriver à l'une de ses ouailles. Sa mission est d'intérêt public, elle est là pour veiller au bon fonctionnement du système financier et vous vous doutez bien qu'elle

---

1. À titre d'exemple, le calendrier communiqué par la Banque de France indique que le montant des dépôts pour lesquels les banques devront constituer des réserves entre le 13 septembre et le 31 octobre 2017, leur sera communiqué le 7 septembre 2017, sur la base des informations du 31 juillet 2017.

ne va pas rester les bras croisés devant le trou. Elle va le combler. Le truc, c'est qu'elle ne le fera pas gratuitement ce serait trop laxiste et n'inciterait pas les banquiers à faire attention.

C'est pour cela que les banques adorent vous avoir comme clients et que vous lui êtes utiles même quand vous ne lui achetez rien de particulier. En déposant votre argent sur votre compte, vous le lui prêtez pas cher – vu que vous n'étiez limite pas au courant. Au pire quelques intérêts sur votre compte épargne… en tout cas bien moins cher que ce que celui lui coûterait d'emprunter à ses copines, et surtout à la banque centrale.

Pour faire intelligent(e) dans les dîners

Les ratios de liquidité font eux aussi partie de l'arsenal de Bâle III qui en a prévu deux : le bien-nommé *Liquidity Coverage Ratio* (« Couverture de Liquidité » et le *Net Stable Funding Ratio* (« ratio de financement stable net »). Ça ne sonne pas terrible, mais on ne les traduit pas vraiment. Le premier vise le court terme et est utilisé. Le second cible le long terme et devrait être exigé à partir de 2018.

Banques Centrales
Ça coule de (la) source

Dans la mesure où les banques ont bien un compte ouvert à leur nom sur les livres de leur banque centrale et sur lequel sont leurs réserves, une banque centrale est bien la banque des banques[1].

Comme tout bon banquier, une banque centrale peut prêter à sa cliente-banque quand celle-ci a besoin de liquidité. J'insiste : « de liquidité », les banques (centrales ou pas) ne sauvent pas leurs clients au bord de la faillite, en tout cas pas à dessein. C'est valable pour vous, c'est valable pour les banques. Quand l'une d'elles a un problème de solvabilité, elle n'a pas besoin qu'on lui prête de l'argent, elle a besoin de muscler son capital. Elle doit alors faire appel à ses actionnaires ou en trouver de nouveaux (qui se matérialisent en général sous la forme d'un État qui compte sur le fervent soutien de ses contribuables).

Bref, quand plus personne n'est volontaire pour prêter à une banque, ou que personne ne l'a fait parce qu'il y a eu une erreur de calcul et que le responsable s'est loupé dans ses prévisions (il pensait que ça passerait mais finalement un client a trouvé malin de transférer des millions à une autre banque pile trop tard), la banque centrale peut dépanner pour la nuit. Littéralement. Cette facilité (dite « permanente ») de prêt marginal sert à combler un trou du jour au lendemain. La banque centrale le fait mais ce n'est pas son rôle initial et, histoire de bien leur faire

---

[1]. Une banque centrale est également banquier de son État. Le compte du Trésor français est tenu par la Banque de France.

comprendre à quel point cela l'enchante d'avoir affaire à des manchots de la calculette, elle leur applique un taux d'intérêt pas top et elles exigent des garanties en dépôt.

Toutes les banques ne se refinancent pas auprès de leur banque centrale dans l'urgence. Ces dernières proposent des facilités très régulièrement – toutes les semaines pour la BCE – en proposant des liquidités aux enchères. Quand on parle de « taux directeur », c'est de celui qui s'applique à ces facilités hebdomadaires que l'on fait référence : à combien les banques peuvent-elles emprunter à la BCE pour satisfaire leurs besoins de liquidité ?

Bien sûr, un banquier peut aussi avoir vu un peu trop large ou être très prudent, auquel cas il aura des réserves en trop par rapport à ce qu'il doit avoir de réserves obligatoires et ce dont il a besoin pour les virements entre banques. En temps normal, et en tant qu'autorité chargée de la surveillance, les Banques Centrales ne sont pas totalement contre le concept de prudence. Elles offrent donc une facilité (également « permanente ») de dépôt qu'elles rémunèrent. En temps normal… Parce qu'en temps pas si normal que ça, comme nous l'avons vu en 2017, la rémunération en question est devenue négative ce qui fait que, oui, les banques paient alors pour leurs réserves excédentaires sur leur compte à la banque centrale.

C'est en jouant (façon de parler) sur ces différents taux qu'une banque centrale va tenter d'influer sur l'économie. Les taux pratiqués se répercutent inévitablement dans l'économie réelle. Si elle pense qu'il faudrait calmer le jeu, elle va monter ses taux histoire de rendre l'argent plus cher et d'augmenter les coûts pour les banques (commerciales). Cela se répercutera sur le taux de votre prêt, et vous n'aurez finalement plus trop envie d'emprunter. À l'inverse, si la banque centrale veut stimuler tout le monde, elle va baisser ses différents taux et, bon, vous voyez l'idée.

Quoique. Peut-être pas. Surtout depuis les grandes manœuvres des Banques Centrales, et notamment de la nôtre avec son opération VLTRO (pour *Very Long Term Refinancing Operation* ou Opération de Refinancement à Très Long Terme) qui permettait aux banques d'emprunter jusqu'à 3 ans (contre 1 semaine pour les opérations normales hebdomadaires et 3 mois pour celles, encore à peu près normales, dites de LTRO – *Long Term*…).

On nous explique que c'est la crise parce que les banques ont fait n'importe quoi et au lieu de les punir, on leur envoie de l'argent ! Beaucoup d'argent, limite on leur donne ! De fait, un LTRO fonctionne comme les opérations de refinancement classique à la semaine[2] mais pour plus longtemps (d'où le L et le T pour *Long Term*) et à des taux très avantageux. Dans la dernière mouture du LTRO amélioré (désignée par le sigle TLTRO pour *Targeted LTRO* ou LTRO Ciblé), les banques qui empruntent par ce biais paient le taux appliqué à la facilité de dépôt, et comme celui-ci est devenu négatif en mars 2016, c'est vous dire à quel point le taux est très, très, avantageux (puisqu'en fait, on les paie pour emprunter).

Pas sûr que ce soit bien moral… surtout qu'apparemment elles garderaient cet argent sur leur compte ou le réinvestiraient *tranquillou*, mais qu'elles ne nous le redistribueraient pas sous forme de prêts. Las… tout est vrai, et pour cause. Les réserves ne sont pas le compte magique dans lequel les banques tapent quand elles octroient des prêts. IL N'Y A PAS DE COMPTE MAGIQUE. Croyez bien que si c'était le cas, les banques se dépêcheraient de faire des crédits à tour de bras parce qu'avec un taux de dépôt négatif, ça ne les amuse pas non plus.

Je me répète, mais une banque qui vous octroie un prêt ne va chercher l'argent qui atterrit sur votre compte nulle part. Elle le crée. Vous pouvez lui mettre des milliards sur son compte, elle ne vous les prêtera pas. Elle peut les prêter à d'autres banques, ou les investir et acheter des obligations (oui, acheter une obligation, c'est prêter, mais avec de l'argent qui existait déjà). Elle ne peut pas nous les prêter à nous.

Alors à quoi ça sert de remplir leurs réserves à ras-bord ? Et en quoi un LTRO pourrait inciter une banque à faire plus de crédits ?

Une banque n'utilise pas directement l'argent des réserves pour le transformer en crédits, mais quand elle octroie un crédit, elle finit par

---

2. Dont le petit nom est MRO pour *Main Refinancing Operation* (Opérations de Refinancement Principales).

avoir besoin de réserves. Je n'ai pas besoin de mayonnaise pour faire des frites, mais si je mange des frites, je vais avoir besoin de mayo.

Si vous demandez un crédit à votre banquier, ce n'est *a priori* pas pour garder l'argent sur votre compte. Vous envisagez, toujours *a priori*, de le virer à quelqu'un d'autre (ou alors c'est que vous n'avez pas bien compris le concept du crédit), possiblement à une personne cliente d'une autre banque. La vôtre utilisera les réserves sur son compte (pas toutes) pour faire le virement. Et même si la personne est dans la même banque que vous, cela sera compté dans la colonne des dépôts (l'argent que ses clients lui prêtent) et donc augmentera les réserves obligatoires que la banque doit constituer.

Quand « ils » disent que le LTRO a pour but de stimuler l'octroi de crédits, c'est parce qu'une banque doit prouver qu'elle en fait suffisamment pour pouvoir bénéficier de ce programme. C'est une condition, du type de celle posée à un ado qui réclame un portable. Ok pour un forfait 2 heures si tu as de bonnes notes. Ok pour du financement à taux défiant toute concurrence si vous faites des crédits. Dans une certaine mesure, cela fonctionne comme vous pouvez le constater devant l'offre pléthorique de crédits à taux bradés. Quand on paie une banque pour qu'elle emprunte, elle peut gagner de l'argent même en vous faisant un taux minuscule. Et quand on vous propose un taux minuscule, vous pouvez avoir envie d'emprunter.

Les banques ont montré un enthousiasme certain pour ce programme, ce qu'on peut comprendre, mais ce qui n'est pas anodin. En temps normal, elles ne se tournent pas tant que ça vers leurs banques centrales. En temps normal, elles demandent d'abord à leurs copines.

Pour faire intelligent(e) dans les dîners

Quand une banque emprunte à la BCE en urgence, elle paie le taux de prêt marginal (0,25 % à fin 2016).

Quand une banque emprunte à la BCE lors des grand-messes hebdomadaires, elle paie le taux de refinancement (taux directeur) (0 %).

C'est également ce taux directeur (une moyenne de) qui sert à fixer le taux auquel seront rémunérées les réserves obligatoires des banques.

Quand une banque a des réserves en trop, on lui paie le taux de dépôt (-0,4 %)

Ces taux varient au gré des décisions de la BCE, mais le taux de dépôt est toujours le plus bas et le taux de prêt marginal le plus élevé. Ce sont les bornes du corridor qui entoure le taux directeur.

Petits arrangements entre amies

Alors comme ça les banques se prêtent de l'argent entre elles ? Oui. Une banque qui n'a pas assez de réserves pour satisfaire aux différentes exigences peut toujours demander à ses copines banques de lui prêter les réserves qu'elles auraient en trop. Petite précision : autant une banque fabrique l'argent qu'elle nous prête à nous, autant elle doit avoir pour de vrai celui qu'elle prête à ses copines.

En cas de besoin, ça peut faire l'affaire, même si ce n'est pas leur méthode préférée pour se procurer de l'argent puisqu'en général cela leur coûte plus cher que d'emprunter à leurs clients (qui ignoraient qu'ils prêtaient leur argent). Plus cher combien ? C'est variable, et c'est le cas de le dire.

Les prix ne sont pas les mêmes pour toutes les banques, certaines étant plus solides que d'autres, de l'avis de celles qui prêtent. Comme toujours, c'est le prêteur qui décide : c'est son argent, c'est lui qui décide. D'un jour sur l'autre, l'opinion d'une banque sur ses copines varie ; rarement de beaucoup, mais il varie. À cela s'ajoute le fait qu'on ne paie pas la même chose pour un prêt d'un jour ou pour un prêt d'un an. Normalement, le second est plus cher. C'est valable pour vous comme pour moi, comme pour les banques.

Par curiosité, et parce que la réponse est importante, on pose donc la question aux banques d'un panel tous les jours : aujourd'hui, à combien pensez-vous que Machine prête à Bidulette sans garantie pour un jour ? Pour un mois ? Pour 3 ? (Machine et Bidulette étant des banques de premier plan). On prend les réponses de chacune, on enlève les réponses extrêmes (réflexe habituel de statisticien des fois qu'une ou deux n'auraient pas compris la question et répondraient à côté), et on fait la moyenne – de chaque catégorie bien sûr.

Pour les prêts à un jour, cette moyenne s'appelle l'Eonia (*Euro OverNight Index Average*, *Overnight* signifiant en anglais « d'une (durée d'une) nuit », soit du jour au lendemain ; et *Average* voulant dire « moyenne » ; je vous laisse reconnaître les deux autres mots). Petit détail qui n'en est pas un, l'Eonia est calculé sur la base de transactions réelles (les prêts entre banques qui ont vraiment eu lieu).

Pour les prêts plus long, cette moyenne s'appelle l'Euribor (*EURo InterBank Offered Rate* – Taux interbancaire offert en Euros) et on ajoute la durée derrière : Euribor 1 mois, Euribor 3 mois. Un taux Euribor a toujours une échéance, sinon c'est qu'on parle de la catégorie au sens large.

Quand une banque donne son opinion sur la question, sa réponse ne tombe pas du ciel ; et l'Euribor n'est pas le fruit du hasard cosmique mais du calcul de leur moyenne.

Pour qu'une banque ait envie de prêter à une autre, il faut que cela soit intéressant pour elle. Elle peut être très copine avec les autres banques, à moins d'y être contrainte, elle ne va le faire que si elle a quelque chose à y gagner. De son point de vue, les choses sont simples : elle peut toujours laisser ses réserves en trop sur son compte et recevoir les intérêts correspondant au Taux de Dépôt fixé par sa banque centrale. Pas forcément hyper rentable (surtout quand le taux est négatif…), mais tranquille pépère. D'autant que lorsqu'elle prête à une de ses copines, elle le fait en blanc (sans prendre de garantie), ce qui n'est pas totalement sans risque. Donc pour qu'une banque « accepte » de prêter à une autre, il faut que cela lui permette de gagner au moins (un peu) plus que le Taux de Dépôt.

De l'autre côté, pour qu'une banque trouve intéressant d'emprunter à une autre, il faut que cela lui coûte (un peu) moins cher que ce qu'elle devrait payer si elle empruntait à la banque centrale.

De facto, les taux appliqués sur le marché interbancaire tombent donc normalement entre ceux fixés par la banque centrale.

Maintenant, chaque banque ne paie pas l'Eonia ou l'Euribor car ce sont des moyennes calculées à partir d'estimations : certaines paient plus, d'autres paient moins et ce sont leurs affaires.

Ce sont aussi un peu les nôtres. Ces taux ont un impact sur le client normal, qu'il s'agisse d'un particulier ou d'une entreprise. C'est notamment pour cette raison que je vous en parle. Rappelez-vous qu'une banque gagne la différence entre ce qu'elle fait payer et ce qu'elle-même doit payer. Plus les taux qui constituent l'Eonia et l'Euribor sont élevés, plus – en moyenne – cela coûte cher aux banques de se refinancer. Et donc plus elles feront payer à leurs clients.

Un Euribor qui monte est le signe que les banques augmentent les prix entre elles, et que cela ne va pas tarder à retomber sur vous. Le jour où vous voudrez un crédit, la banque choisira le taux qu'elle vous colle notamment en fonction de ce que l'argent lui coûte à ce moment-là (et d'autres critères, comme votre bobine). Cela est valable pour tout le monde (tous ceux qui empruntent) : que ce soit à taux fixe, comme à taux variable.

En France les particuliers empruntent dans leur grande majorité à taux fixe. Le banquier et vous vous mettez d'accord sur un taux qui ne bougera pas pendant toute la durée du crédit. Une fois fixé, peu importe ce qui arrive à l'Euribor, ce n'est plus votre affaire, mais le taux qu'on vous colle dépend de l'Euribor au moment où votre crédit naît.

Tous les clients ne sont pas français. Aux États-Unis par exemple, il n'est pas rare qu'un particulier emprunte à taux variable. C'était notamment le cas des subprimes – vous voyez comme cela leur a réussi quand leurs taux variables[1] sont remontés. Et même en France, tous les clients ne sont pas des particuliers (il y a encore des entreprises dans notre beau pays). Pour eux, les intérêts ne se présentent pas sous le forme « 5 % »

---

1. Un prêt américain n'est pas basé sur l'Euribor, qui est un taux en euros, mais sur un taux en dollars calculé selon les coutumes locales.

par exemple, mais sous celle d'une addition
« Euribor 1 mois + 3 % ». À chaque échéance,
on regarde où en est le taux variable, et on
ajoute 3 %, ce qui donnera le taux final, ce qui
fait que ça varie (puisque c'est un taux variable).

Les principales places financières du monde
ont leur taux variable. Les autres, ceux qui n'en
ont pas un bien à eux dans leur coin, se calent
sur l'un de ceux qui sont disponibles.

Au Japon, les emprunteurs à taux variable
suivront le Tibor (T, comme Tokyo). À Londres, ce sera le Libor (L, comme London).

Le Libor est d'ailleurs probablement le taux variable le plus important au monde.

Petites arnaques entre amies
Le scandale du Libor

Le Libor (*London Interbank Offered Rate*) est souvent assimilé à l'Euribor, mais c'est un tort, et pas juste parce qu'il est calculé à Londres. Dans le cas du Libor, on ne demande pas aux banques à combien elles pensent que d'autres banques prêteraient, mais à combien elles emprunteraient à leurs copines si elles en faisaient la demande. Et de un, la question n'est toujours pas posée au présent de l'indicatif (qu'en est-il vraiment ?) mais du conditionnel ; et de deux, la question n'est pas posée à celles qui prêteraient, mais à celles qui emprunteraient. Je dis ça, je ne dis rien.

Toujours est-il que même formulée ainsi, la question appelle une réponse. En temps normal, une banque n'emprunte pas tous les jours, mais doit répondre à la question quand même ce qui justifie qu'on utilise le conditionnel. En temps de crise, les banques peuvent ne même plus se prêter d'argent entre elles. C'est là qu'on voit qu'une suspicion d'insolvabilité, qu'elle soit avérée ou pas, peut créer un problème de liquidité. On comprend qu'une banque ne soit pas motivée pour prêter à une autre si elle a des doutes sur sa solidité.

Au moment où cela allait super, en 2008, la confiance qui régnait sur la place financière était telle qu'elles restaient toutes assises sur leurs tas d'or et se regardaient en chiens de faïence. Autant vous dire que dans des conditions pareilles, le calcul relève plus de la très rigoureuse méthode dite de Pifométrie (Au pif, ça fait…). Comme de toute façon le marché interbancaire était totalement apathique, ça ne mangeait pas de pain de donner une réponse approximative, et tant qu'à faire, une qui les arrangerait.

Tout comme votre poids – étrangement sous-estimé de 2 à 3 kg lorsque le médecin ne fait que vous le demander au lieu de vous faire grimper sur la balance – témoigne de votre santé physique, le taux d'intérêts donne des informations concernant la santé financière d'un emprunteur. Selon le principe éternel que plus c'est risqué, plus c'est cher, une banque préfèrera toujours annoncer qu'elle va tellement bien que s'il le fallait, on lui prêterait pour rien les yeux fermés. Une banque qui va mal, c'est un gros problème ; une banque dont tout le monde sait qu'elle va mal, c'est une catastrophe.

Bon, elles ont fait les coquettes et triché sur leur état de santé, et alors ? Ben, déjà, elles ont menti. Si cela ne vous gêne pas, c'est que le concept « d'honnêteté » mérite quelques éclaircissements.

Ensuite, elles n'ont pas toujours donné des réponses trop basses. Avant le drame de la crise de 2008, elles ont même plutôt fait les modestes et relevé un peu la barre, histoire de manger sur le dos de leurs emprunteurs. Les banques ne paient pas le Libor (surtout quand il est mensonger), puisque c'est une moyenne. Elles paient ce qu'on leur dit de payer quand elles empruntent. Le client, lui, oui. Plus le Libor est haut, plus la facture est lourde.

Ensuite, il se trouve que le Libor est un peu la marque de référence du taux variable dans le monde. Il ne sert pas qu'à fixer les intérêts que paient de pauvres âmes contraintes à l'endettement. Des milliers de milliards de dollars de contrats financiers sont basés sur ce taux (notamment des produits dérivés). Dans ce cas, l'intérêt du client est fonction du pari qu'il a pris : vers le haut ou vers le bas. Accepteriez-vous de parier contre moi sur la quantité de pommes de terre qu'il y aura dans le frigo demain si c'est moi qui fais les courses ? Bien sûr que non – ou sinon ne soyez pas surpris si je gagnais à chaque fois[1].

---

1. En l'occurrence, il n'y en aura pas, car les pommes de terre ne se conservent pas au réfrigérateur.

Le fait est que de nombreux produits dérivés ont été vendus à des clients par des petits malins qui pariaient toujours dans le bon sens. Pas par chance, ni par miracle – encore moins par talent – mais parce qu'ils étaient potes avec le type chargé d'annoncer le taux pour leur banque. Eh, John[2] ! pour le Libor, tu ne nous mets pas un taux trop haut, hein !

Comme il n'y a pas 36.000 banques dans le panel du Libor (plutôt une quinzaine), la moyenne est très sensible à toute manipulation, fût-ce de quelques banques. Alors quand, en plus, plusieurs traders se mettent d'accord, *it's a piece of cake*[3] !

Le pot aux roses a été découvert le jour où l'une des banques concernées (UBS, pour ne pas la nommer), est allée voir les autorités et leur a tout avoué en espérant qu'elle ne serait pas punie puisqu'elle dénonçait toutes ses copines tricheuses.

Malgré cela, et pour vous donner une idée de ce qu'elles ont pu gagner à ce petit jeu de pile je gagne, face tu perds, qui les a bien occupées entre 2006 et 2009, UBS annonçait dans son rapport annuel de 2012 des amendes s'élevant à près d'1,4 milliard de francs suisses.

Au passage, je vous laisse imaginer le fatras administratif que représentent les inévitables plaintes et réclamations entre partenaires financiers sur l'air de : on avait dit que je paierais le Libor et je l'ai payé mais il était faux donc il faut me rembourser… Ah mais oui mais non monsieur parce qu'on ne sait pas pour autant à combien il aurait dû être… Une vraie partie de plaisir…

Auraient-elles pu tricher si le Libor avait été calculé comme l'Euribor ? On pourrait penser que non mais il faut croire que oui. En fait, il suffit d'être copain avec ceux qui annoncent les taux dans d'autres banques. Très vite, on s'est aperçu que l'Euribor avait aussi été manipulé ; et le Tibor, et d'autres encore… Comme quoi… Ces petites arnaques entre ami(e)s ont amené les différentes autorités de supervision à réfléchir sérieusement à l'optimisation des méthodes de fixation de ces

---

2. La scène se passe à Londres, je mets un nom anglais, ça s'appelle travailler la scénographie.
3. C'est du gâteau !

indicateurs de référence. Une solution aura peut-être été mise en place le jour où vous lirez ces lignes.

Manipulés ou pas, le moins que l'on puisse dire à propos des taux, c'est que ces derniers temps, c'est du grand n'importe quoi. À fin 2016 (et jusqu'au moins les quelques mois qui ont suivi), l'Euribor flottait péniblement autour des -0,30 %. Oui, il y a un signe moins devant.

Recule, Recule... Les taux négatifs

Certain(e)s, celles et ceux qui parmi vous suivent un peu les actualités ou qui ont entrepris de renégocier leur crédit immobilier, auront noté que les taux d'intérêts étaient devenus très, très, bas et même que « des » taux étaient devenus négatifs. Pas forcément de beaucoup, mais quand même !, c'est assez perturbant.

Qu'un taux réel soit négatif, ma foi, ce n'est pas drôle, mais c'est compréhensible. Vous aviez prêté à 2% (taux nominal écrit sur le contrat), on vous les a bien payés, mais l'inflation a finalement été de 3%. Au final votre taux réel est de -1%[1] (moins un). C'est arrivé avant et cela arrivera de nouveau, tant qu'on fixera le taux (nominal) d'un prêt au début et qu'on ne pourra constater l'inflation qu'à la fin.

Qu'un taux nominal soit négatif, là, par contre, ce n'est plus normal du tout. Dès le début, on part du principe que le prêteur, celui qui avance l'argent quand même, devra de l'argent à celui qui l'emprunte. Par exemple vous me prêtez 1.000 et nous convenons dès le début que je ne vous rendrai que 900 (soit un taux nominal de -10 %). Et on ne sait encore rien de l'impact qu'aura l'inflation sur le taux réel final. Je tire le trait et me mets du côté de l'emprunteur parce que ça me fait vraiment trop mal de prétendre le contraire. Si cette opération vous convient, c'est que nous sommes partis pour être de merveilleux amis (et que je vais vous emprunter beaucoup d'argent). Mais, selon toute probabilité, votre

---

1. -0,98%, si vous avez sauté le chapitre sur l'inflation.

enthousiasme devrait être, comment dire, modéré. Vous allez d'ailleurs probablement refuser, ce que je peux comprendre (mais m'empêche d'être votre amie), et ne voyez vraiment pas pourquoi quelqu'un d'autre accepterait.

Et pourtant, rien ne sert de nier la réalité, aussi aberrante nous parait-elle. Le fait est que « des » taux, ici et là, sont devenus négatifs et que oui, des gens acceptent de payer pour prêter.

À l'Etat français, par exemple, qui s'endette maintenant à taux négatif pour ses obligations à moins de 4 ans. À l'Allemagne, au Japon et à d'autres encore. Ils ont d'ailleurs ouvert la voie. La BCE prête également à taux négatifs aux banques dans le cadre de son programme TLTRO (toujours pour les mêmes !). Manifestement, des gens acceptent de payer pour prêter à beaucoup de monde !

Mais pas à vous.

Ne le demandez pas à votre banquier. Ce serait top, c'est vrai, mais c'est interdit par la loi. En même temps, vu qu'on est également prêteur d'argent à notre banquier, cette législation est peut-être un moindre mal parce que vous n'apprécieriez probablement pas qu'il vous taxe vos dépôts[2]. Vous seriez même tellement outré que vous pourriez les lui retirer et claquer la porte (de l'agence, pas de la maison, ça ne sert à rien). Vrai. Vous pourriez. Et vous les mettriez où ? Chez vous ? Où, précisément, chez vous[3] ? Vous préférez continuer à sortir et risquer de vous faire cambrioler ou vous calfeutrer pour rester les surveiller (et vous faire assassiner quand le cambriolage aura mal tourné) ? Parce que votre cargaison ne passera pas inaperçue quand vous rentrerez chez vous avec vos mallettes. Ce n'est pas un hasard si les mecs de la mafia sont toujours accompagnés de cerbères dans les films. Sauf à choisir de vivre dangereusement, et reclus, vous auriez en fait le choix entre

---

2. J'invite ceux qui liraient ce livre dans le désordre et auraient sauté le chapitre sur les banques commerciales à aller y faire un tour si cette phrase les étonne.
3. Et votre porte, c'est une serrure à 3 points ?

payer des intérêts pour prêter votre argent ou payer des gorilles pour protéger votre pactole. Et encore, cela supposerait qu'il puisse être casé quelque part. Pour peu que vous soyez généreusement doté (du point de vue financier), ce que je vous souhaite, vous feriez la joie des sociétés de transport de fonds. Mais c'est payant aussi et assez stressant.

Mine de rien, c'est la situation à laquelle sont confrontées les sociétés qui brassent des quantités d'argent autrement plus importantes que ce qui nous concerne (par exemple, mais pas que, les banques). Il faut bien qu'elles le mettent quelque part. Pour elles, la solution du matelas n'est pas envisageable, surtout qu'on n'a pas assez de billets pour tout l'argent qui existe numériquement et qu'on n'a pas de matelas assez large. Bien obligées de faire « quelque chose » de leur[4] argent, les banques préfèrent encore payer un peu pour prêter à un État qu'elles jugent sans risque plutôt que de risquer de devoir payer encore plus cher si la BCE décidait dans 6 mois d'appliquer un taux encore plus négatif.

Alors on ne va pas aller jusqu'à dire que cela leur fait plaisir, mais oui, elles acceptent de payer pour prêter. Ce n'est pas « normal », mais c'est comme ça.

Cette situation peut-elle durer longtemps ? Oui et non. Vous entendrez les deux sons de cloche et ils résonnent aussi bien l'un que l'autre. Il est tout à fait possible qu'à l'heure où vous lirez ces lignes (elles ont été écrites à 23h24 si cela peut vous éclairer), les taux aient retrouvé un niveau normal et que tout cela ne soit plus qu'un vieux, mauvais, souvenir. Je l'espère, mais même dans ce cas, la question est intéressante car puisqu'on sait que cela se peut, cela signifie que cela se pourrait bien de nouveau.

Non, il est inimaginable que les taux restent négatifs pendant longtemps. Que les taux soient très bas, soit : l'inflation est en berne et les taux réels aussi, mais c'est en ligne avec la croissance et les perspectives

---

4. Ainsi que celui que vous leur avez confié, je pense notamment aux sociétés de gestion qui gèrent vos OPCVMs.

d'aujourd'hui. Un petit peu + Un petit peu, ça ne peut pas faire beaucoup[5]. Mais bon, de là à rester négatifs, non, parce que ça va bien cinq minutes de devoir payer pour épargner, mais il ne faudrait pas abuser.

Mais peut-être bien que si, en fait. Aussi longtemps que notre économie ne repart pas. On a longtemps cru que les taux ne pouvaient pas être négatifs et pourtant voilà… Vous n'imaginez pas le nombre de bouquins d'économie qu'il va falloir réimprimer. Du coup, on n'est plus trop sûr de rien dans ce monde qui ne tourne plus rond.

Pour faire intelligent(e) dans les dîners

Rappelez-vous (ou relisez le chapitre sur l'inflation) que le Taux Réel correspond, approximativement, à : Taux Nominal - Inflation.

Si votre Taux Nominal est de - 1 % et qu'il y a de l'inflation (peu importe combien mais on va dire 2 %), votre Taux Réel sera de - 3 % (- 1 % - 2 %). Pas glop.

Si votre Taux Nominal est de - 1 %, toujours mais qu'on est en déflation (disons - 2 %), votre Taux Réel sera de 1 % (- 1 % - (-2 %)).

Pour gagner de l'argent en prêtant à taux négatif, il faut en empruntant à un taux encore plus négatif.

Vous prêtez 100 à - 1 %. On vous « rendra » 99. Vous empruntez 100 à - 2 %. Vous devrez « rendre » 98.

99 – 98 = 1. Le compte est bon (mais à la limite, si vous n'êtes pas obligé de prêter, contentez-vous d'emprunter).

---

5. Un petit peu d'Inflation + Un petit Taux Réel = Un petit Taux Nominal, surtout si l'inflation est négative.

On inspire, on s'étire, et on tient... Le QE

Le « QE » nous est tombé dessus en mars 2015. QE, c'est pour *Quantitative Easing*, ou Assouplissement Monétaire pour les francophones que la traduction ne renseigne pas beaucoup plus. Ce n'est pas qu'on ne s'y attendait pas, la « menace » planait depuis un certain temps et le concept avait déjà été initié par d'autres (la Banque Centrale du Japon en 2001, celle des Etats-Unis en 2008 et celle d'Angleterre en 2009).

Était-ce bien utile ? Je ne sais pas et le sujet oppose les esprits. Toujours est-il que la situation n'allait tellement pas fort qu'on a fini par taper dans la limite du taux nominal à 0% censée être impossible à dépasser et que cela n'incitait toujours personne à sortir son argent de son compte pour en faire quelque chose d'utile. Il a bien fallu sortir l'artillerie lourde.

Toujours est-il que, depuis, le citoyen européen lambda sait qu'un programme massif d'un truc qui doit concerner l'argent est en cours, que ça se chiffre en milliards d'euros (on a dépassé le millier de milliards, en fait), que cela est censé aider à relancer l'économie, et qu'il y a certainement quelqu'un, quelque part dans un bureau à Bruxelles, qui sait ce qu'il fait parce que, là, comme ça, ce n'est pas évident. Surtout quand on nous dit que le QE est un APP initié avec un PSPP puis un CSPP mais dans lequel on inclut également les ABSPP et CBPP3 qui en fait étaient là avant. Bref, comme dirait l'autre : mais bien sûr…

Alors on va dire que le QE, c'est la finalité : assouplir (l'environnement monétaire). Et que lorsque la BCE a annoncé le sien, elle a mis en œuvre un programme nommé PSPP (pour Programme d'Achats de dettes du Secteur Public, mais en anglais[1]). Et on va s'en tenir là pour le moment.

Dans le cadre de ce programme la BCE va sur les marchés financiers et achète à tour de bras des titres de dettes (des obligations[2], si vous préférez) initialement émis par des États puisqu'un PSPP cible la dette du Secteur Public. Comme on vient de le dire.

Si vous avez prêté 100 euros à votre Tatie Nini, je peux vous racheter cette reconnaissance de dette : vous me donnez ce titre financier (car oui, c'est un titre financier…) et je vous donne de l'argent (si je ne le faisais pas ce serait du vol).

Il ne s'agit que de cela. Ceux qui ont ces titres-là en stock vont se précipiter pour les vendre à la BCE parce qu'elle possède une telle force de frappe que le prix de ces titres financiers monte (loi de l'offre et de la demande). En échange, ils recevront de l'argent sur leur compte. Rien que de très banal jusqu'ici. Et alors ?

Alors, cela dépend de ce qu'ils vont faire de cet argent. Qu'allez-vous faire du vôtre après m'avoir vendu la dette de Nini ?

Vous pouvez le dépenser, ce qui serait une idée judicieuse car vous participeriez à la relance de l'économie en consommant.

Vous pouvez ne rien en faire et le laisser dormir sur votre compte. Cela ne servira à rien (dans l'optique du QE au moins) et bon, bah, un coup dans l'eau.

Ou vous pouvez l'investir à nouveau. Dans quoi ? C'est là que cela devient intéressant.

Vous pouvez vouloir racheter la dette que Nini devait à quelqu'un d'autre… mais vous constaterez très vite que c'est de moins en moins profitable.

Déjà, comme les prix ont monté, c'est plus dur de faire des plus-values… Lorsque le prix des maisons monte, les premiers malins à revendre la leur peuvent se faire une jolie marge, mais après, la manip'

---

1. *Public Sector Purchase Program*, PSPP donc.
2. Des Bons du Trésor pour la dette de l'État Français par exemple.

est difficilement réitérable (puisque les prix ont monté…). Sans même parler du fait qu'il n'y a peut-être plus grand-chose à ramasser vu que la banque centrale garde ceux qu'elle a achetés… Or quiconque veut faire une plus-value sur quelque chose doit, à un moment ou à un autre, acheter quelque chose.

Ensuite, l'investisseur qui choisit de placer son argent dans une obligation en espère deux choses : que son prix monte (coché), mais aussi qu'elle lui verse des intérêts intéressants. Plus il y a de volontaires pour prêter, moins un emprunteur doit payer d'intérêts (re-loi de l'offre et de la demande). Et vu la quantité de titres de dette achetés par la BCE… la demande explose et les taux payés par les emprunteurs chutent. Racheter de la dette de Nini ou, en l'occurrence, des États, devient beaucoup moins exaltant quand l'emprunteur ne paie plus 2 % mais 0,5 % par an.

Petit aparté qui a son importance : la BCE achète ces titres de dettes à des investisseurs qui les détenaient, avant. Elle ne sponsorise pas les États en leur injectant de l'argent car elle n'en a pas le droit. C'est dans ses statuts (et cela a probablement été mis là par les Allemands qui devaient anticiper que certains n'étaient peut-être pas hyper scrupuleux). Évidemment, cela les arrange bien : cela arrange toujours un emprunteur quand les taux d'intérêts qu'il doit payer baissent… mais les États ne reçoivent pas d'argent directement de la banque centrale. Pas plus que Nini n'en recevait de moi lorsque je vous ai racheté sa reconnaissance de dette. Je vous ai donné de l'argent à vous, pas à Nini. C'est d'ailleurs elle qui m'en doit maintenant.

Au final, donc, vous n'avez pas trop envie de réinvestir sur de la dette de Nini ou de votre État, mais vous avez quand même envie (ou besoin, quand c'est votre métier) d'investir. Vous allez donc chercher à l'investir sur autre chose que des obligations d'États. Vous avez le choix, à commencer par les sociétés qui émettent elles aussi des obligations sur le marché. Vous ne serez pas le seul à le faire, surtout si la BCE s'y met en lançant un CSPP, qui est la même chose que notre PSPP du début, sauf qu'il vise des obligations émises par les sociétés (le C de CSPP fait référence à « *Corporate* », soit « société » en anglais).

Inévitablement, les rendements sur ces titres de dettes baissent aussi, ce qui ne peut qu'arranger les sociétés concernées qui peuvent, théoriquement, profiter de l'occasion pour s'endetter et lancer de grands projets. Re-bon pour l'économie.

Quand on vous aura aussi racheté cette dette-là, vous poursuivrez votre quête. Plus loin. Idéalement hors de la zone faisant baisser le cours de l'euro au passage, merci. Bien sûr, il est possible que certains aillent un peu trop loin et se tournent vers des investissements un peu trop risqués voire même spéculatifs. On ne fait pas d'omelette sans casser des œufs.

Ces Programmes d'Achat d'Actifs visent le porte-monnaie des sociétés et des particuliers, pas celui des banques. Cela provoque une augmentation de leurs réserves mais il s'agit d'un effet secondaire : techniquement, l'opération ne peut se faire que par leur intermédiaire, puisque nous, personnes ou sociétés normales, n'avons pas de compte à la banque centrale.

Ces nouvelles réserves ne servent pas à faire plus de crédits directement (nous avons vu et revu que ces réserves n'entraient pas dans le processus de fabrication). Par ricochet, elles incitent les banques à être plus souples parce que plus de réserves font baisser leurs coûts de refinancement et que, depuis les taux négatifs, les réserves excédentaires leur coûtent de l'argent.

Mais le but initial n'est pas d'augmenter l'offre de crédits, il est d'en augmenter la demande.

Pour faire intelligent(e) dans les dîners

Le Programme de (r)Achat d'Actifs lancé en mars 2015 s'appelle l'APP (*Asset Purchase Program*) et comprend quatre sous-programmes différents selon la dette rachetée :

Le PSPP (*Public Securities Purchase Program*), lancé en mars 2015 : rachat de dette d'États.

Le CSPP (*Corporate Sector Purchase Program*), lancé en juin 2016 : rachat de dette de sociétés cotées sur les marchés (obligations émises par les sociétés).

L'ABSPP (*Asset-Backed Securities Purchase Program*), lancé en octobre 2014 : rachat de dette adossée à des actifs. Quand les actifs en question sont des prêts bancaires, cela signifie, en français, que ce sont des obligations dont le remboursement et les intérêts découlent de ceux de ces prêts. Plus la BCE en rachète, plus leur prix monte, donc plus ça vaut le coup d'avoir un ABS à vendre et plus c'est intéressant d'avoir des prêts à adosser. Rien à voir avec les freins.

Le CBPP3 (*Covered Bond Purchase Program*, 3e du nom), lancé en novembre 2014 : rachat d'obligations sécurisées (même topo que les ABS ci-dessus, mais sécurisées par des crédits faits à des institutions publiques comme une mairie ou une région).

En comparant les dates, vous voyez par vous-même que l'APP « global » lancé en mars 2015 avec le PSPP, inclut des programmes initiés avant (l'ABSPP et le CBPP3) et qu'il a ensuite été complété par le CSPP. C'est pour l'ensemble de ces programmes que la BCE dépense 80 milliards d'euros par mois depuis mars 2016 (60 milliards par mois entre mars 2015 et mars 2016).

SEULS AU MONDE ?

Balance des Paiements
Tout Compte Fait

La Balance des Paiements est probablement le thème qui illustre le mieux la confusion qui peut régner quand on se pique de parler « économie ». Tout le monde n'emploie pas les mêmes termes pour désigner la même chose, soit parce que certains continuent d'utiliser d'anciennes classifications, soit parce que ceux qui parlent n'ont pas bien saisi les subtilités. Entre métonymie, synecdoque et glissement sémantique, Voltaire se retourne dans sa tombe et plus personne ne comprend rien à l'histoire.

Une Balance des Paiements comptabilise toutes les transactions entre un pays (celui dont c'est la balance) et « le monde extérieur », sur une période donnée, en général sur un an[1]. Cela permet de se faire une idée de son ouverture économique (fait-il beaucoup d'échanges avec les autres ou reste-t-il dans son coin ?), et de sa compétitivité.

Pour avoir l'insigne honneur d'y figurer, une transaction doit impliquer un mouvement d'argent entre deux personnes quelles qu'elles soient (un État, une entreprise, vous, les Autres, moi) qui ne sont pas du même côté de la frontière dudit pays (n'importe laquelle et dans n'importe quel sens).

---

1. Note pour celles et ceux qui auraient des notions de comptabilité et d'anglais : mieux vaut faire abstraction de vos connaissances, la « Balance » des Paiements n'a rien à voir avec une « *Balance Sheet* ». Note pour celles et ceux qui n'auraient pas ces notions : j'ai dit que cette note n'était pas pour vous ! Allez, zou ! Dehors !

L'objet de la transaction peut aussi
traverser la frontière. Si vous importez des
oranges d'Espagne, c'est *a priori* pour les
manger et c'est mieux si elles arrivent jusqu'à
vous. Mais ce n'est pas obligatoire. Si vous
achetez une maison à Miami à un Américain,
il y a bien transaction économique entre
deux personnes de deux pays différents, et
elle sera comptabilisée dans la Balance des
Paiements. Mais la maison ne bouge pas,
elle reste en Floride. Notez d'ailleurs que
si l'ancien propriétaire américain est votre

voisin de palier parce qu'il habite en France (donc vous aussi, sinon vous
ne seriez pas sur le même palier), l'opération sera transparente, au moins
du point de vue de la Balance des Paiements parce que vous êtes tous
deux résidents du même pays.

Une Balance des Paiements est, par définition, toujours équilibrée.
Parce que c'est une balance ! Et, plus sérieusement, parce que comme
toute bonne balance comptable, toute entrée dans l'une de ses deux
colonnes provoque (au moins) une entrée dans l'autre. Le truc, c'est que
ce ne sera pas forcément sur la même ligne !

C'est là toute la subtilité de la Balance des Paiements qui comporte en
fait plusieurs (sous-)balances, ce qui provoque tout ce joyeux micmac
quand on aborde le sujet. Il en existe officiellement trois, détaillées en
fin de chapitre, mais comme vous n'êtes *a priori* pas parti(e) pour établir
celle de l'année prochaine, nous schématiserons ici en ne tenant compte
que des deux qui comptent vraiment (au moins pour notre pays) : la
Balance Courante (ou Compte de Transactions Courantes), et la Balance
Financière (Compte Financier). Cela suffit pour en comprendre le fonctionnement.

La première fait le point sur les échanges de biens, de services…
Le résultat est la différence entre ce qu'un pays a exporté et ce qu'il a
importé. Au niveau de votre foyer, votre Balance Courante reprendrait
vos revenus dans la colonne des exportations (vous avez exporté vos
capacités physiques et/ou intellectuelles vers votre lieu de travail) et vos

dépenses dans celle des importations (vous avez importé des produits de consommation chez vous). Si vous avez gagné plus que vous n'avez dépensé, votre Balance Courante est excédentaire. Dans le cas contraire, pas.

En général, quand un commentateur très inspiré façon Cassandre[2] parle de déficit de la balance, il parle de la Balance Courante, pas de celle des Paiements. Et en général, c'est pour nous dire que ça va mal. Nous avons importé plus que nous n'avons exporté. Nous avons acheté plus de choses au « Reste du Monde » qu'il ne nous en a achetées.

Et comment avons-nous fait ? Comment auriez-vous fait si cela avait été votre cas (ce qui l'est par exemple lorsque vous achetez une maison de 500.000 euros alors que, disons-le, vous gagnez moins) ?

Vous vous seriez procuré l'argent autrement, probablement par le biais d'un crédit octroyé par votre banquier, comptabilisé dans votre Balance Financière.

L'acquisition de votre maison va envoyer votre Balance Courante dans les limbes, et cela n'est possible que parce qu'un flux d'argent venant du dehors est arrivé jusqu'à vous. Une personne qui a dépensé plus que ce qu'elle a gagné s'est forcément procuré l'argent par un autre moyen, fût-ce par le biais d'un crédit. Mathématiquement. Et c'est pareil pour un pays, d'autant que la Balance des Paiements d'un pays n'est jamais que la synthèse de celles de ses résidents.

En termes techniques, on dit qu'une Balance Courante déficitaire est financée par une Balance Financière excédentaire.

D'ailleurs, on dit aussi d'un pays dont la Balance Courante est en déficit qu'il vit « à crédit », sous-entendu celui que le reste du monde lui ferait. La formule est malheureuse car elle donne l'impression que le reste du monde prête de l'argent au pays incriminé. C'est là que s'arrête l'analogie que l'on pouvait faire entre « votre » Balance des Paiements et

---

2. Pauvre Cassandre qui n'arrêtait pas de dire à tout le monde que ça allait mal finir (à Troie, le cheval, tout ça…) et qui fichait une sale ambiance, mais qui, au final, avait raison.

celle du pays. Car autant vous Personne Physique n'avez que peu d'alternatives au prêt pour recevoir de l'argent de l'extérieur, autant les Autres Personnes Morales du pays… un peu plus.

En réalité le Reste du Monde ne décide pas de manière consciente et réfléchie qu'il va sponsoriser la consommation américaine, puisque ce type de débat pointe en général un doigt accusateur vers les États-Unis dont la Balance Courante est en déficit depuis plusieurs années (la nôtre aussi…). Un Français qui achète une usine au Texas envoie de l'argent aux États-Unis. Un Belge qui achète des actions de la société Microsoft envoie de l'argent aux États-Unis. Ils ne le font ni par charité ni par compassion mais parce qu'ils pensent que ce sont de bons investissements. Ce ne sont pas des prêts, au sens bancaire du terme, mais ce sont des flux d'argent qui volent vers les États-Unis. Ce sont eux qui, ensemble, représentent la Balance Financière excédentaire du pays et qui financent le déficit de sa Balance Courante.

Bon, ici comme ailleurs c'est la même chanson : il n'est pas plus facile de recenser toutes les opérations qui passent des frontières que celles qui restent à l'intérieur et la Balance des Paiements n'est pas beaucoup plus précise que les autres agrégats que nos amis économistes et statisticiens se coltinent. Entre les opérations non tracées parce qu'on a perdu la facture et celles qui ont été volontairement dissimulées, toutes les Balances des Paiements ont une catégorie « erreurs et omissions » permettant de les équilibrer. Ce poste peut prendre des proportions inquiétantes, au moins du point de vue de la rigueur de l'information communiquée.

Alors… vu la précision avec laquelle une Balance des Paiements est calculée, et puisque de toute façon elle doit être à zéro, c'est à se demander si cela vaut vraiment le coup de se pencher dessus. Je ne peux pas vous forcer à lire la suite mais, sans vouloir vous influencer, je dirais que oui. Mais je manque peut-être un peu d'objectivité.

Pour faire intelligent(e) dans les dîners

Une balance des paiements comprend 3 sous-balances :

Compte des Transactions Courantes : elle-même a 4 sous-balances selon le principe des poupées russes (je veux parler bien sûr des figurines artisanales) :

o Des Biens : exportations & importations de marchandises.

o Des Services : exportations & importations de services.

o Des Revenus Primaires : typiquement les salaires des frontaliers et les dividendes et autres intérêts perçus sur des investissements étrangers (ou payés à…).

o Des Revenus Secondaires : transactions impliquant un transfert économique dans un sens sans contrepartie claire et identifiée, par exemple, les impôts.

Compte de Capital (ignorée dans ce chapitre car de moindre importance et qui reprend les transferts de biens non manufacturés et autres dons).

Compte Financier.

La balance est équilibrée avec :

Compte des Transactions Courantes + Compte de Capital
= Compte Financier

Qu'on peut aussi écrire :
Compte Financier
− Compte des Transactions Courantes
− Compte de Capital
= 0

Allez vas-y ! Balance (des Paiements) Tout !

Nous l'avons vu, quand quelqu'un nous parle de notre Balance, c'est en général pour nous dire que nous avons un problème avec notre Balance Courante, qu'elle est en déficit, que nous importons trop par rapport à ce que nous exportons, que nous ne sommes pas assez compétitifs. Bref, que nous sommes dans la panade. Ce qui peut être vrai. Ou pas. Et la seule façon de le savoir est d'analyser la Balance des Paiements. Le total n'est pas intéressant (0), mais ce qui a permis d'y arriver, oui.

Une Balance Courante peut être déficitaire pour plusieurs raisons. Le cas le plus banal est effectivement une baisse de compétitivité. Nos produits plaisent moins au Reste du Monde et c'est triste, mais peut n'être que ponctuel. Une Balance des Paiements – et donc ses sous-balances – ne raconte que ce qui s'est passé pendant l'année, elle ne dit rien de la position finale. Vous pouvez avoir un coup de mou et vous reprendre rapidement. Ou, c'est vrai, cela peut être une tendance de fond, d'où l'intérêt de la mettre en perspective avec les précédentes. Quelle catégorie de notre production perd de son attrait ? Avons-nous du mal à exporter nos produits manufacturés ou nos voyages ?

Une Balance Courante peut aussi s'effondrer pour des raisons dramatiques comme une guerre, une épidémie, ou une catastrophe naturelle qui provoque la destruction de l'appareil productif d'un pays. De fait, celui-ci ne fabrique et n'exporte plus grand-chose et a d'autant plus besoin d'importer qu'il a toujours besoin de manger et doit même reconstruire ce qui a été détruit. Dans ce cas, le pays n'est pas « moins » compétitif, il est sorti de la compétition et a besoin d'aide.

Mais toute Balance Courante déficitaire n'est pas forcément le signe d'un désastre, au contraire ! C'est typiquement le cas d'un pays dont l'économie s'éveille et dont les résidents se tournent vers le monde extérieur pour acquérir ce qui, précisément, lui permettra de mettre son industrie nationale à niveau. Sa Balance Courante est déficitaire, certes, mais c'est pour la bonne cause, et ce n'est que temporaire (en tout cas c'est prévu pour l'être). Bien sûr, si ledit pays n'achète que pour consommer, et pas pour investir, la situation est moins encourageante, mais dire qu'une Balance Courante déficitaire est systématiquement problématique est un peu simpliste.

Tout comme une Balance Courante excédentaire (vous exportez plus que vous n'importez) n'est pas forcément la panacée et peut avoir des conséquences fort peu sympathiques. Certains pays affichent de magnifiques Balances Courantes excédentaires parce qu'ils ont le bol d'être pile là où se trouvent des ressources utiles (pensez Pétrole). Le problème, car il y en a un, c'est que toutes ces exportations renforcent leur devise. Cela n'impacte pas trop les exportations de leurs ressources puisque manifestement tout le monde en veut, mais peut franchement handicaper les autres secteurs de l'économie qui perdent de leur compétitivité et de leur attrait. Autant le Reste du Monde est prêt à payer pour du pétrole même à un taux de change qui lui est défavorable, autant il ira s'approvisionner ailleurs pour les fruits et les tapis. Délaissées, ces industries stagnent et ne se développent pas.

Le jour où le cours du baril s'effondre(ra), la Balance Courante n'a(ura) plus du tout la même tête et cela peut venir très vite. Et ce jour-là, les autres industries du pays, totalement négligées, ne lui seront d'aucun secours.

Les pays qui ne se préparent pas à ce cas de figure s'exposent à un risque majeur, comme l'ont expérimenté dans les années 60 les Pays-Bas qui ont d'abord découvert des gisements de gaz puis ce qu'on a appelé (très prosaïquement) depuis la « Maladie hollandaise » ou la « Malédiction des matières premières ». Cette « maladie » infecte un certain nombre de pays d'Afrique.

Il n'en reste pas moins que la durée d'un déficit de la Balance Courante est un point important. Surtout que, vous le savez maintenant (sauf à ne pas avoir lu le chapitre précédent), une Balance Courante déficitaire est forcément financée par une Balance Financière excédentaire. Tout pays qui demeure dans cette situation trop longtemps s'expose au risque que le Reste du Monde arrête de lui envoyer de l'argent.

Il est donc judicieux de s'intéresser à celle-ci pour savoir si les flux financiers qui parviennent jusqu'à nous sont plutôt stables, ou plutôt susceptibles de disparaître en un instant.

En fait, tout dépend de la nature de ces flux. On ne se débarrasse pas d'une usine comme ça alors qu'on peut vendre une action en quelques clics ; on peut tout aussi rapidement et simplement refuser de continuer à prêter (au sens « vraiment prêter ») à un pays dont l'endettement a atteint des niveaux que l'on juge excessifs, ce dont la Grèce a fait l'amère expérience.

Le jour où la source se tarit, la seule solution est de se retourner les poches. Si vous avez réussi à acheter votre maison du chapitre précédent sans que le banquier ne vous octroie de prêt, alors que vos revenus ne suffisaient pas, c'est que vous avez utilisé de l'argent que vous aviez de côté (sinon le vendeur ne vous l'aurait pas cédée). C'est ce dont témoigne l'une des rubriques du Compte Financier et probablement l'une des plus intéressantes : les Avoirs de Réserve.

Quand quelqu'un dit qu'une Balance des Paiements est en déficit, et qu'il ne se trompe pas en la confondant avec la Balance Courante, il ne veut pas dire qu'elle n'est plus équilibrée mais qu'on a dû taper dans les réserves (officielles) pour qu'elle le soit. Temporairement, cela sauve les meubles, mais ce n'est pas durable car ces réserves ne sont pas infinies. Quand on arrive au bout, on arrête de jouer.

On parle alors de crise de Balance des Paiements et pour le coup, c'est dramatique.

Pour faire intelligent(e) dans les dîners

Il va de soi que si certains pays importent plus qu'ils n'exportent, c'est que d'autres pays font l'inverse. Leur Balance Courante est donc excédentaire. La somme des Balances Courantes de tous les pays du monde est de 0. Normalement. Sauf qu'entre les erreurs et omissions des uns, et celles des autres, nous trainons depuis quelques années un « surplus » fantôme de plusieurs dizaines de milliards de dollars au niveau de la planète.

Quelque part, certains n'ont pas comptabilisé une partie de leurs exportations.

Les Réserves Officielles : des Noisettes pour l'Hiver

Pour prévenir les crises dites « de Balance des Paiements », tous les pays du monde ont un (plus ou moins) petit matelas qui leur sert de réserves. Il ne s'agit ni plus ni moins que du trésor de chacun, conservé précieusement par la banque centrale idoine[1], dans lequel celle-ci peut taper en cas de besoin. C'est le Livret A d'un pays. Ou d'une zone puisque nous avons transféré une partie des nôtres à la BCE lors de la création de la zone euro. Avant d'aller plus loin sur le sujet qui nous intéresse ici, sachez que nos banques centrales nationales n'ont pas tout envoyé à Bruxelles et en ont conservé à la maison mais qu'elles ne peuvent pas en faire n'importe quoi, surtout si cela devait interférer avec la politique monétaire décidée à Bruxelles.

L'idée première des réserves, que vous pouvez transposer à votre cas personnel, est d'avoir de quoi acheter ce dont vous avez besoin quand vos revenus ne suffisent pas – que ce soit parce que vous n'en avez plus ou simplement pas assez. Quand les flux financiers qui sponsorisaient votre balance courante déficitaire prennent le large, les citoyens continuent à avoir besoin de se nourrir et d'être soignés avec des produits qui viennent de l'extérieur : des importations qu'il va bien falloir payer si on veut éviter une révolution.

---

[1]. Notez par exemple que le nom de la banque centrale américaine est la *Federal Reserve Bank*, et que celui de la banque centrale australienne est la *Reserve Bank of Australia*.

Dans l'idéal, il faut donc que ces réserves soient très rapidement disponibles parce que ce n'est pas dans l'urgence qu'on essaie de vendre l'immeuble dans lequel étaient investies nos économies, si magnifique soit-il.

Les réserves officielles d'un État (chez nous : les Avoirs de Réserve) sont donc typiquement constituées d'argent liquide (au hasard des dollars), de titres financiers liquides aussi (facilement revendables) comme, par exemple et tout à fait au hasard, des obligations du Trésor américain, et de l'or. Beaucoup d'or. Bien caché et/ou bien gardé comme à Fort Knox, Kentucky.

Le fait que je cite ici le dollar n'est pas totalement un hasard. Toutes les devises du monde ne peuvent pas être comptées dans les réserves, tout simplement parce que toutes les devises du monde ne sont pas aussi cools, certaines le sont plus que d'autres. Souvent parce que ces pays (zones) sont des puissances économiques depuis longtemps, qu'elles sont relativement stables et qu'elles inspirent confiance, ces devises jouissent d'un privilège rare. Ce sont des monnaies « fortes » qui sont bien plus facilement acceptées que les autres dans les échanges internationaux. Vous trouverez toujours quelqu'un pour vous vendre ou, surtout, vous acheter des dollars US, même au fin fond du désert, alors que pour les autres devises, c'est souvent un peu plus galère. Essayez de payer un péruvien en dollar zimbabwéen, on rigolera un coup, alors qu'il y a des déserts au Pérou et au Zimbabwe. Ces devises, qu'on dit logiquement, de réserve, sont typiquement le dollar US (évidemment), l'euro (encore à ce jour), le yen (la devise du Japon), l'or (encore et toujours)... Cette liste n'est ni exhaustive ni immuable. Dans les années 20, seuls le dollar US et la livre sterling en étaient. L'euro pourrait sauter (surtout s'il disparaissait) et nous avons tous assisté à l'ascension du renminbi/yuan[2] chinois ces dernières années.

Avec ces bonnes devises de réserve, une banque centrale peut intervenir sur les marchés si des méchants décidaient d'attaquer sa devise ou si celle-ci commençait, spontanément, à dévier de l'ancrage convenu. En

---

2. Le renminbi est au yuan ce que le franc français était au franc quand il existait. Le premier est la dénomination officielle de la monnaie, le second sa dénomination dans la vie courante.

général, c'est d'ailleurs la déviation en question qui donne aux spéculateurs l'idée d'attaquer, mais c'est le sujet du chapitre suivant.

Techniquement, si votre devise s'affaiblit alors qu'elle n'en a pas le droit (elle est à taux de change fixe), vous pouvez la soutenir en l'achetant sur les marchés. Et pour l'acheter, vous avez besoin d'une autre devise. On achète des euros avec des dollars ou avec des yens, mais pas avec des euros, c'est stupide. Cela signifie que non seulement vos réserves doivent être dans une bonne devise, mais qu'en plus ce ne peut pas être dans la vôtre. L'euro est donc une devise de réserve, mais on ne peut pas la compter dans les nôtres.

Au final, la composition exacte des réserves de chaque pays est plutôt confidentielle parce que c'est assez stratégique. Surtout, donc, pour les pays qui ont choisi de fixer (ou *a minima* lier) leur devise à une autre. Pour peu qu'un spéculateur sache combien de réserves possède une banque centrale pour soutenir le cours de sa devise en l'achetant, il sait combien il doit aligner pour la faire tomber parce qu'il sait quand elle n'aura plus rien à mettre sur la table. Alors voilà, nos troupes sont postées là, là et là, et ce sont les seules que nous avons. C'est apparemment l'erreur qu'aurait commise l'un des responsables de la banque centrale de Thaïlande en 1997 qui aurait avoué à demi-mots qu'ils n'allaient peut-être pas continuer à puiser dans leurs réserves bien longtemps. Le problème, c'est que son interlocuteur était un spéculateur américain. Mieux vaut donc communiquer à leur sujet avec un léger temps de décalage et protéger ses arrières avec le montant adéquat.

Sauf que la quantité de réserves officielles idéale ne fait pas vraiment l'objet d'un consensus. On a longtemps affirmé qu'un pays devrait disposer des réserves équivalentes à au moins trois mois d'importations (pour amortir le choc si besoin). Ou encore, qu'il faudrait surtout détenir de quoi payer la dette prévue dans l'année, histoire de pouvoir continuer à se financer auprès du Reste du Monde. On a même pensé, pendant un temps, que les pays « avancés » n'en avaient peut-être pas

vraiment besoin puisqu'ils ne perdraient jamais l'accès aux financements internationaux. Les déboires de la Grèce nous ont prouvé que l'hypothèse de base était erronée.

Donc, au final, on ne sait pas. On sait juste que les pays à taux de change fixe ont plus de contraintes que les autres (rapport à leur obligation d'intervention sur le marché des changes).

Et que mieux vaut trop que pas assez parce que même si trop de réserves sont un peu du gâchis (vu qu'elles ne sont pas investies dans des produits hyper rentables), quand on n'en a pas assez, cela peut vite virer au drame.

Pour faire intelligent(e) dans les dîners

Les rubriques de la Balance des Paiements indiquent les variations de l'année, pas leur solde. Si vous souhaitez connaître celui des réserves de la France, vous pouvez consulter la Position Extérieure (ou *International Investment Position – IIP*) du pays.

Par ailleurs, je préfère prévenir celles et ceux qui auraient la curiosité de fureter dans une Balance des Paiements… Un nombre positif pour les réserves signifie qu'elles ont diminué. Ce n'est pas intuitif, et nécessite un peu de gymnastique mentale, mais c'est en fait plutôt logique. Représentez-vous l'argent qui sort du coffre de la banque centrale et vole vers l'économie. Comme les flux qui viennent de l'étranger, ceux qui sortent du trésor sont de l'argent « en plus » pour financer des importations. Mais comme ils sont sortis du trésor… ben, le trésor, lui, a diminué.

À l'inverse, un nombre négatif signifie évidemment que les réserves ont augmenté.

Comment (et pourquoi) attaquer une devise ?

Deux questions pour le prix d'une, car c'est en comprenant comment que vous devinerez pourquoi de méchants spéculateurs s'en prennent à une devise qui ne leur a rien fait.

Pour commencer, et au risque de paraître très terre à terre, la première chose à faire pour attaquer une devise, c'est d'en choisir une. Idéalement une fixée à une autre et forcément une que vous pouvez échanger sur les marchés et sortir du pays sinon vous n'irez pas très loin[1]. On n'attaque pas quelque chose qu'on ne peut pas atteindre. Toujours dans l'idéal, le mieux serait que la communauté financière trouve que son taux de change est un poil surévalué, qu'elle est officiellement trop forte par rapport à sa vraie valeur. Ce conseil est également valable dans la vie en général : c'est toujours plus facile d'attaquer les plus faibles.

Bien sûr, plus votre bagage culturel en macro-économie et/ou en géopolitique est costaud, mieux c'est, mais ne vous laissez pas abattre par cette apparente difficulté. Vous ne risquez de toute façon pas grand-chose, comme vous allez vite le comprendre.

Bon, disons que vous avez identifié la devise qui vous servira de victime. Je vais maintenant vous expliquer le plan. Votre mission, si vous l'acceptez, consiste à vendre cette devise à un prix et à l'acheter moins cher. Tout bêtement. La différence sera pour vous. Je me répète, mais

---
1. Enfin, vous peut-être, mais la devise, elle, ne pourra pas.

c'est comme pour un yaourt, l'épicier gagne la différence entre le prix auquel il vous le vend et celui auquel il l'achète.

Je vous invite donc cordialement à aller rendre visite à un banquier du pays ciblé et à le prier de vous faire un prêt. Normalement, vous ne serez pas le premier car nous sommes dans la configuration parfaite pour attaquer une devise. Moult riches investisseurs venus du monde entier pensent avoir trouvé l'eldorado et le système financier local est en ébullition avec le décollage économique du pays. Il ne se méfiera pas et, pour peu que vous ayez l'air assez sympa et super sûr, il se fera un plaisir de vous rendre ce service. En même temps, c'est son métier.

Une fois que l'argent est entre vos mains, vous le changez dans votre devise, disons en euros. Vous venez de vous acquitter de la première étape du stratagème : en changeant la devise visée, vous l'avez vendue contre des euros. Il ne vous reste plus maintenant qu'à attendre pour la racheter. Donc vous attendez.

Vous attendez… Vous attendez encore un peu… Si rien ne se passe vous pouvez attendre jusqu'à ce le banquier vous demande de rembourser, ce que vous vous empresserez de faire car cette recette est parfaitement légale. Ce faisant, vous procèderez à la seconde étape en vendant des euros pour acheter la devise concernée dont vous avez besoin puisque c'est dans cette devise que le prêt a été fait. Bien.

Première possibilité : le taux de change n'a pas varié. Bon ben vous avez perdu du temps (et quelques frais de commissions de change et autres intérêts sur le prêt).

Seconde possibilité : vous n'étiez pas le seul à faire ce petit tour de passe-passe et avez participé à la vente généralisée de la devise cible à la première étape. Vous, vos copains spéculateurs, et tous ceux qui n'avaient pas d'arrière-pensée mais qui ont bien vu qu'il se passait quelque chose d'inquiétant et ont préféré se carapater pour quitter le navire… Tous ensemble, vous avez vendu la devise encore et encore (et encore).

Celle-ci étant à régime de change fixe, sa banque centrale a probablement commencé par lutter pour maintenir son cours. Elle a tenté de contrer l'effet négatif que vous et votre clique faisiez peser sur sa devise en l'achetant avec les euros, les dollars et tout ce qui pouvait bien lui servir de réserves (officielles). Jusqu'au jour où elle a dû admettre sa défaite parce qu'elle avait vidé ses coffres, et laisser sa devise dévaluer.

Pour rembourser votre prêt, vous pouvez maintenant acheter la devise cible moins cher que vous ne l'aviez vendue.

Félicitations, votre plan machiavélique a fonctionné.

Ceux qui attaquent consciemment une devise le font parce qu'ils sont convaincus que cela arrivera un jour où l'autre et que le plus tôt sera le mieux s'ils veulent en profiter. En menant l'opération sur des montants suffisamment élevés (plusieurs milliards de dollars), ils chargent la barque jusqu'à la faire couler.

Au pire l'attaquant perd un peu, au mieux, il gagne beaucoup. C'est ce qu'on appelle un profil de risques très attrayant. Vous comprenez pourquoi les spéculateurs ne tergiversent pas longtemps quand l'opportunité se présente.

Il y en a peut-être parmi vous qui, sans cœur mais prudents, se disent que l'opération est intéressante mais qu'il y a une troisième possibilité : la devise cible pourrait s'apprécier. C'est très simple, dans ce cas, le trou est dans votre porte-monnaie et je serais tentée de vous dire que vous l'avez bien cherché, parce qu'attaquer une devise qui, non seulement ne risquait pas d'être dévaluée mais qui en plus partait plutôt dans l'autre sens… ça s'appelle se prendre les pieds dans le tapis (et c'est bien fait).

Cela appelle néanmoins à un commentaire (moralisateur). Dans le monde des devises, quand ça monte pour l'une, ça baisse pour l'autre. Cela signifie que la situation idéale pour vous (la seconde, celle où vous avez fait plier la banque centrale et l'avez forcée à dévaluer) est la pire pour les citoyens du pays que vous avez pilonné. Une fois que leur devise s'est effondrée, tout ce dont le prix initial était en euros ou en dollars (en devises « d'ailleurs ») est tout à coup devenu beaucoup plus cher pour eux. Pour chaque produit importé et payable en euro, pour chaque dette qu'ils avaient contractée en dollars, ils devront dorénavant aligner beaucoup plus de leur devise massacrée pour honorer leurs engagements (ou se les permettre). C'est le jeu ?

C'est le jeu ?!?

Non. Vous, vous jouez peut-être, mais eux, souvent, non. Emprunter en euros vous semble parfaitement naturel parce que c'est votre devise ; c'est surtout une chance parce qu'elle fait partie du club très fermé des devises de confiance et qu'un prêteur se demandera surtout si vous pouvez rembourser, pas tellement ce qu'il adviendra de l'euro (d'autant que c'est souvent sa propre devise à lui aussi). Tout le monde n'a pas cette chance : beaucoup d'investisseurs « ailleurs » sont dans l'incapacité de s'endetter dans leurs devises locales à des prix corrects. Ils ne se sont pas endettés en euros pour parier sur sa baisse. Ils se sont endettés en euros parce qu'ils n'avaient pas le choix.

Tout ça pour dire que lorsque les réserves se font rares, ou qu'on n'a pas trop envie de les utiliser alors que la situation se tend, il faut appeler à l'aide. Par exemple, le FMI.

Pour faire intelligent(e) dans les dîners

Techniquement, vous pouvez vous en prendre à une devise à taux de change flottant puisque la banque centrale concernée ne devrait même pas essayer de lutter contre… mais c'est plus difficile d'en trouver une surévaluée, puisque son cours est fixé par l'offre et la demande et est donc, au moins théoriquement, à sa juste valeur.

En 1997, la Thaïlande a été le théâtre d'une attaque en règle sur sa devise. Le baht était fixé à une panier de devises essentiellement composé de dollars américains et s'échangeait à près de 25 bahts par dollar. La dévaluation qui a suivi a fait plonger la devise jusqu'à presque 49 bahts par dollar.

Pour celles et ceux qui comprennent mieux avec les chiffres

(si, si, ça existe …)

Etape 1 : Vous empruntez 10 millions de « CIBLES » à 10 %.

Vous changez ces 10 millions de CIBLES en euros. À 20 CIBLES par euro, vous avez donc 500.000 €. Vous placez vos 500.000 € à 5 %.

Dans cet exemple, les montants comme les taux ne servent que d'illustration, mais comme dans la vraie vie, le taux pour emprunter la devise CIBLE est plus élevé (10 %) que celui auquel vous placez vos euros (5 %).

Un an passe…

Etape 2 : Vous devez vous procurer 11 millions de CIBLES (10 millions pour rembourser le prêt + 1 million pour les intérêts).

Pour ce faire, vous avez à votre disposition 525.000 € (les 500.000 € obtenus lors du change + 25.000 € d'intérêts puisque vous les avez placés à 5%).

Première possibilité :

Le taux de change est toujours à 20 CIBLES par euro, il vous faudrait 550.000 €. Vous n'êtes pas trop loin du compte, il ne vous manque que 25.000 €.

Seconde possibilité :

CIBLE s'est effondrée et s'échange maintenant à 30 CIBLES par euro. À ce prix-là, vous n'avez besoin que de 366.667 € pour obtenir 11 millions de CIBLES. Vous pouvez garder les 158.333 € en trop (525.000 – 366.667).

Allô Houston ?
Passez-nous Washington !
(le FMI)

Voilà pour une fois un sujet dont vous avez tou(te)s entendu parler, même s'il est probable que ce soit dans un magazine « people ». Vous m'excuserez, je me réjouis de ce que je peux.

Ce que l'article ne disait pas, c'est que le Fonds Monétaire International (FMI) a vu le jour en 1945 à la suite d'une conférence organisée à Bretton Woods en juillet 1944, charmant petit hameau perdu au fin fond des forêts du New Hampshire, au nord-est des États-Unis, alors que la seconde guerre mondiale touchait à sa fin. L'instabilité économique des pays belligérants étant soupçonnée d'avoir largement contribuée aux deux guerres qui venaient de ravager l'Europe, il s'agissait de voir s'il n'y avait pas moyen d'arranger un peu le système monétaire (histoire d'éviter que la boucherie ne se reproduise).

Les grands de ce monde d'alors se sont donc réunis dans un hôtel loin de toutes distractions pendant trois semaines. Dis comme ça, ça fait un peu « *Shining* », mais ça s'est mieux terminé. Ils ont accouché, entre autres, du FMI et du système monétaire connu depuis sous le nom hyper original de « système de Bretton Woods », le rôle du premier étant de veiller au bon fonctionnement du second. Je vous raconte tout de suite la fin : ledit système n'existe plus depuis 1973 ; Bretton Woods, si, mais il ne s'y passe plus grand-chose ; l'hôtel – l'Omni Mount Washington Resort – est toujours ouvert. Et le FMI aussi, mais son rôle a, de fait, évolué.

Quand on en parle dans les journaux (sérieux), c'est souvent pour dire qu'il serait une sorte de prêteur de dernier recours. D'une certaine façon, c'est vrai, mais le terme est aussi abusif que réducteur.

C'est vrai, le FMI « prête » (et encore, notez les guillemets) de l'argent aux pays qui ont besoin d'argent dans une bonne devise bien solide parce que leur balance des paiements est toute malade (pas pour un projet concret, donc), mais normalement, il ne le fait que si les autres options n'en sont plus. L'essentiel de son activité consiste à surveiller, auditer, former, conseiller ses pays membres sur leurs systèmes de changes, leurs politiques commerciales, fiscales, leurs balances des paiements… J'en passe et des meilleures. Le FMI préfère travailler en amont plutôt que de se retrouver coincé à devoir déverser des tombereaux d'argent pour tenter de sauver ce qui peut l'être.

D'ailleurs, même quand il en arrive à ses extrémités, et pour ne rien laisser au hasard, le FMI applique le proverbial « Aide-toi, le Ciel t'aidera ». Avant de secourir qui que ce soit (sauf cas d'extrême urgence), il se met d'accord avec le pays concerné sur un programme d'amélioration de sa politique économique. Tant que vous respectez le contrat, le FMI libère – par tranches – l'aide financière convenue. Dans le cas contraire, demandez à l'Argentine. Elle ne vous aidera pas, mais elle vous dira ce que cela fait de perdre le soutien du FMI.

Comme toute institution qui se respecte, le FMI n'échappe pas aux critiques. Certains lui reprochent d'intervenir trop tard. On ne peut pas nier qu'il y ait eu des loupés mais il faut voir aussi que certains se mettent vraiment dans la panade sans écouter leurs conseils. Et, comme on dit, on ne parle jamais des trains qui arrivent à l'heure.

On dit aussi qu'il ne prêterait qu'aux pays riches. En fait, techniquement, les seuls pays qui peuvent obtenir un prêt par le biais du FMI sont les pays à faible revenu qui entrent dans le champ d'action du Fonds Fiduciaire RPC (pour la Réduction de la Pauvreté et pour la Croissance), distinct des « ressources générales » du FMI. Ce sont des prêts dits « concessionnels », en référence aux concessions faites sur les taux d'intérêts payés par les emprunteurs (ils étaient à 0 % en 2016 donc vraiment pas chers).

Le manque à gagner pour les prêteurs est comblé par le FMI. Techniquement, donc, le FMI ne prête pas aux pays riches.

Que les pays qui le sont moins (riches) se sentent un peu délaissés et noyés dans l'organisation, peut se comprendre. Le FMI compte 189 pays membres (à fin 2016) mais il n'y a que 24 administrateurs ce qui signifie que seuls les pays les plus riches ont effectivement un représentant rien que pour eux. Mathématiquement, les autres doivent s'en partager un. Certains pays – le Brésil, la Russie, l'Inde et la Chine – ont récemment décidé de se faire un petit FMI rien qu'à eux. Coïncidence, ces 4 pays font désormais partie des 10 plus gros membres du vrai.

Maintenant, la plus grosse part de l'aide financière apportée par le FMI provient de ses ressources générales. C'est une institution monétaire, pas une banque, il ne peut pas créer de l'argent à partir de rien. Son butin vient des contributions de tous ses membres (on parle de « quotas »). Plus un pays est (économiquement parlant) important (PIB, stabilité et ouverture), plus son quota est élevé et donc plus il doit aligner. Les facilités qu'un pays peut obtenir du FMI étant proportionnelles à son quota, plus un pays est riche, plus les aides qu'il pourrait demander le sont. Par construction.

À ce sujet, un pays qui reçoit l'aide financière du FMI dans ce cadre n'emprunte pas au sens traditionnel du terme (je demande de l'argent, je le reçois, et je vois si je le rembourse plus tard). Il échange sa devise faiblarde contre une bonne devise bien solide (de réserve…). Quand il « rembourse », il fait l'opération inverse. Le tout avec les intérêts. Cette activité est logiquement dite de prêts « non concessionnels » (pas de concessions sur les taux, et avec toutes les réserves que l'on peut avoir sur le terme de « prêt ») et représente effectivement l'essentiel des aides financières accordées par le FMI.

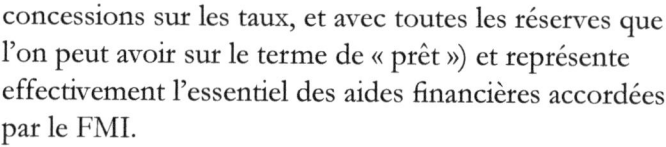

Que le FMI ne soit pas parfait, il est le premier à le reconnaître et innove constamment pour améliorer ses prestations et son propre fonctionnement. Je ne vais pas verser dans un pathos déplacé ni occulter les défis auxquels nous faisons face sur notre belle planète, semble-t-il depuis toujours, mais tout ce qui peut être fait pour renforcer la coopération entre nos États doit être fait. L'union fait la force, dit-on. Le FMI est l'un des maillons de la chaîne, et l'un des plus solides, mais ce n'est pas le seul. En cas de besoin (urgent et monétaire), les pays peuvent aussi s'arranger entre eux (accords bi- ou multilatéraux). Ils peuvent aussi se tourner vers d'autres institutions…

Pour faire intelligent(e) dans les dîners

Au FMI, les montants sont – notamment – exprimés en DTS (pour Droit de Tirage Spécial) ou SDR (*Special Depositary Right*, la même chose, mais en anglais). C'est une unité de compte, pas une monnaie (vous ne pouvez pas payer avec), qui correspond à un panier de devises dont la composition est revue tous les 5 ans. Depuis octobre 2016, le DTS comprend pour la première fois le renminbi chinois (pour 10,92%), aux côtés du dollar US (41,73 %), de l'euro (30,93 %), du yen japonais (8,33 %), et de la livre sterling (8,09 %). À fin 2016, 1 DTS valait à peu près 1,34 dollar ou 1,28 euro.

J'invite celles et ceux qui voudraient en savoir plus sur les modalités des différents « prêts » (concessionnels ou pas) à consulter le rapport annuel et/ou le site Internet du FMI dont, une fois n'est pas coutume, je me permets de saluer la qualité et la clarté. Les curieux(ses) y trouveront aussi des informations sur les autres initiatives (comme celle relative à l'allègement de la dette des pays très endettés) auxquelles prend part le FMI.

Qui e(s)t Qui fait Quoi ?

Manifestement pétris de bonnes intentions, les participants à la Conférence de Bretton Woods ont également appelé à la création de deux autres instances aujourd'hui connues sous les noms de Banque Mondiale et Organisation Mondiale du Commerce (OMC ou *WTO - World Trade Organization*). La première a vu le jour très rapidement après la conférence, la seconde un petit peu moins. Préséance oblige, je commencerai donc par la Banque Mondiale…

… qui est en fait un groupe d'institutions dont vous trouverez le détail en fin de chapitre et dont la principale, sans vouloir offenser personne, est la BIRD (pour Banque Internationale pour la Reconstruction et le Développement).

En fait, c'est la BIRD qui a été créée à la suite de Bretton Woods et qui a eu la joie d'octroyer son premier prêt en 1947 à la France largement détruite par la guerre. Ce n'était pas une méga-surprise parce qu'elle avait été créée spécialement pour aider à la reconstruction de l'Europe et du Japon et que, bon, on était un peu en première ligne (pas forcément du même côté). Depuis, nous ne sommes plus vraiment concernés par le programme, au moins en tant que bénéficiaires, car la Banque Mondiale aide des pays en développement voire franchement pauvres[1]. Sa mission officielle est double et consiste, je (la) cite à « mettre fin à l'extrême pauvreté et promouvoir une prospérité partagée ». Ce qui

---
1. Selon la rumeur, la Grèce aurait fait une demande auprès de la Banque Mondiale.

est, nous serons tous d'accord, un objectif fort louable qu'elle essaie d'atteindre à l'aide de financements de projets concrets : barrage, mini-station éolienne, élevage de tortues, ... j'en passe et des meilleures car c'est sur ce point, très précisément, que la Banque Mondiale subit les attaques les plus virulentes. On lui reproche de trop prêter à des pays pas si pauvres que ça – même si elle prête en fait à des gens très pauvres qui vivent dans des pays pas si pauvres –  ou d'accorder des prêts servant à financer des projets à la rentabilité douteuse et dont le remboursement se fait attendre.

Contrairement à ce que son nom pourrait laisser entendre, la Banque Mondiale non plus n'est pas une banque au sens où nous l'avons vu dans ce livre (commerciale ou centrale). C'est une Agence de Développement. L'argent qu'elle prête vient de ses fonds (eux-mêmes venant des contributions des pays participants) ou des marchés – la Banque Mondiale jouant alors le rôle de prête-nom grâce à son prestige.

La troisième initiative de Bretton Woods s'est d'abord matérialisée sous la forme du GATT[2] (Accord général sur les tarifs douaniers et le commerce). Tout est dans le nom. Si vous vous étonnez qu'on n'en entende plus parler (pour ceux qui étaient en âge d'écouter les nouvelles il y a 20 ans), c'est normal. Après moult négociations, et renégociations, le GATT est devenu l'OMC en 1996. Cette organisation rassemble les ministres (du commerce ou ce qui tient lieu de) tous les deux ans pour discuter et établir les règles du jeu commercial entre les pays participants. Entre temps, et comme c'est sous sa férule que ces règles sont établies, l'OMC joue également le rôle d'arbitre dans les différends qui opposent les joueurs.

Une conférence, trois institutions. Il faut dire que le sujet est important. Comme ce n'était manifestement pas assez, d'autres initiatives ont fait leur apparition.

---

2. *General Agreement on Tariffs and Trade.*

Mes préférés sont certainement les G7-G8-G20. Je les mets ensemble parce qu'en fait, il s'agit du même Groupe avec, vous vous en doutez, plus ou moins de participants et dont les dirigeants se réunissent tous les ans pour discuter d'un tas de sujets, dont l'économie et la finance – ce qui explique que j'en parle ici. Le truc, c'est qu'au départ c'était un G6, devenu 7 puis 8 puis 7+1 (qui font bien 8). L'un des 7 a trouvé que c'était tellement cool que ce serait bien qu'on fasse la même chose avec plus de monde et on a créé le G20, qui réunit normalement 19 pays représentés par 21 personnes. Si à ce stade je ne vous ai pas mélangé les pinceaux, je ne peux rien faire de plus parce que croyez-bien que j'aurai essayé et que je vous lancerais bien sur un grand débat Clan des 7 - Club des 5 mais cela nous conduirait à débattre du spécisme[3] et… (vous dites si je digresse trop, hein ?).

Bref, les deux « de trop » dans le G20 sont les personnes qui représentent l'Union et la Commission Européenne. Le « +1 » du G8 est la Russie qui est actuellement (mais temporairement) exclue des grandes sauteries en raison de son intervention musclée en Crimée. Pour le *fun* et parce qu'on n'est manifestement pas les seuls à avoir du mal à compter, sachez qu'il existe également un G15 qui regroupe 17 pays censés faire bande à part mais dont certains n'ont aucun complexe à aller d'un groupe à l'autre.

Dans le même esprit, l'OCDE est une organisation qui travaille sur toute une panoplie de sujets, dont, bien sûr, l'économie vu que c'est à cela que correspond le E de son sigle (Organisation de Coopération et de Développement Économique). Alors qu'on a toujours l'impression d'avoir à faire à une organisation ultra-hyper-mondiale, l'OCDE n'a pas tant de membres que cela (35 pays à fin 2016).

Il est impossible (enfin, pas vraiment impossible, mais un peu longuet) de dresser une liste exhaustive de tous les forums et autres groupes

---

3. Pour faire court, un spéciste pense que toutes les espèces ne sont pas égales. Ici, un chien vaut-il un homme ? Je pose la question parce que dans le Clan des 7 ils étaient 7 enfants + 1 chien alors que dans le Club des 5 ils étaient 4 + 1. Cela aurait donc dû être Clan des 8 – Club des 5 ou Clan des 7 – Club des 4. On peut dire ce qu'on veut, mais c'est important.

où se retrouvent pléthore d'intervenants pour discuter, négocier, réfléchir… aux questions économiques.

Je n'en citerais donc ici qu'un petit dernier, le Forum Économique Mondial. Contrairement aux autres, ce forum n'est pas une organisation supranationale mais une fondation. D'après son propre site, son but est « d'améliorer l'état du monde »[4] ce qui n'est pas loin de ressembler à la profession de foi d'une finaliste Miss France. Voilà, *a priori*, je viens de ruiner tout espoir d'y être jamais invitée. En même temps, ce n'est pas comme si je l'espérais. Ce forum a également la particularité de réunir des personnalités issues des sphères publiques et privées.

Pourquoi ce forum-là en particulier et pas un autre ? Parce qu'il est surtout connu pour les manifestations qui accompagnent régulièrement sa grand-messe annuelle, ultra-select, accessible uniquement sur invitation et participation aux frais pour les entreprises (ladite participation érigeant une réelle barrière à l'entrée), à Davos. Et que Davos est en Suisse.

Trop forts ces Suisses… Parce que Bâle aussi.

---

4. En réalité : *"committed to improving the state of the world"*.

Pour faire intelligent(e) dans les dîners

La Banque Mondiale comprend : la BIRD et l'Association Internationale de Développement (IDA).

Le Groupe Banque Mondiale regroupe les deux institutions de la Banque Mondiale ainsi que la Société Financière Internationale (SFI), l'Agence Multilatérale de Garantie des Investissements (MIGA) et le Centre International pour le Règlement des Différends relatifs aux Investissements (CIRDI).

Les 8 membres du G8, quand il est au complet, sont, dans l'ordre alphabétique : l'Allemagne, le Canada, les États-Unis, la France, l'Italie, le Japon, le Royaume-Uni et la Russie.

Les 20 membres du G20 sont ceux du G8 ainsi que, toujours dans l'ordre : l'Afrique du Sud, l'Arabie Saoudite, l'Argentine, l'Australie, le Brésil, la Chine, la Corée du Sud, l'Inde, l'Indonésie, le Mexique, la Turquie et l'Union européenne.

Les 17 membres du G15 sont : l'Algérie, l'Argentine, le Brésil, le Chili, l'Égypte, l'Inde, l'Indonésie, l'Iran, la Jamaïque, le Kenya, la Malaisie, le Mexique, le Nigeria, le Sénégal, le Sri Lanka, le Venezuela et le Zimbabwe.

Bâle, Basel, Basilea !
3 minutes d'arrêt !

Bâle est une petite ville[1] située en Suisse. Comme elle est en Suisse alémanique, son vrai nom est Basel (et Basilea en italien, la 3e langue officielle du pays). Vous l'avez peut-être déjà vu sur les affiches qui vantent les mérites de ce qui fait la réputation de la ville : l'Art Basel, la foire annuelle d'art contemporain.

À part ça, Bâle est une ville à peu près normale – pour la Suisse – dont il n'y aurait pas grand-chose à dire, surtout dans un livre qui parle plus d'argent que de peinture, si ce n'était le fait que c'est à Bâle que la BRI a élu domicile.

La BRI. La Banque des Règlements Internationaux, également connue sous le nom de BIS (pour *Bank for International Settlements* ce qui veut dire la même chose, mais en version internationale), enfin… quand je dis « connue », dans un certain milieu seulement. Car ce qu'il y a de plus étrange à propos de la BRI, c'est que c'est probablement la banque la plus importante au monde, mais que la majorité des gens ignore jusqu'à son existence (alors pour ce qui est de savoir ce qu'elle fait…).

Sans vous faire une rétrospective complète de l'histoire de la BRI, sachez, pour votre culture générale, qu'elle a été fondée dans les années 30 avec la mission de superviser le paiement des indemnités dues par l'Allemagne après la première guerre mondiale (le plan Young). Vous devinez que cette tâche n'est plus d'actualité (ils n'ont finalement pas

---
1. Pas si petite que ça pour le pays mais comparée aux autres, oui.

payé, on s'est refait la guerre, et depuis on est copain comme cochon) et que si la BRI existe toujours, c'est qu'elle a trouvé d'autres façons de s'occuper.

C'est toute la magie de la BRI qui a changé de rôle au fil des années, jusqu'à se faire une place, de choix, dans notre système financier puisqu'elle en a atteint le sommet. La BRI est devenue la banque des banques centrales.

Elle offre toute une gamme de services financiers qui va de la gestion de leurs réserves[2] au change des devises en passant par des crédits pour celles qui en auraient besoin. Elle permet aux banques centrales de s'envoyer de l'argent à travers le monde. Un banquier, en somme, dont le rôle lui octroie déjà un statut très particulier – et un point de vue imprenable sur le monde financier. Mais la BRI ne se contente pas de faciliter les échanges financiers entre les banques centrales.

Elle met un point d'honneur à faciliter également les échanges intellectuels entre les banquiers centraux (les responsables des banques centrales, chez nous, le « gouverneur »), particulièrement au sein de son comité le plus célèbre : le Comité de Bâle (*Basel Committee on Banking Supervision* ou BCBS). Tous les trois mois ou à peu près, les banquiers centraux se retrouvent pour papoter à propos de l'état des systèmes bancaires du monde (du moins, de leurs pays), de ce qui fonctionne plutôt pas mal, et de ce qui plutôt pas trop. Quand le besoin s'en fait sentir, le comité émet des recommandations qui devraient permettre d'améliorer la stabilité et la solidité des banques, du type : ce serait bien que les banques aient un capital suffisant pour absorber les chocs, et ce serait top que les banques aient assez de liquidités en cas de crise… Si cela vous rappelle quelque chose, c'est normal, nous en avons parlé dans les chapitres consacrés aux banques commerciales.

Tous ces ratios prudentiels de liquidité et de solvabilité pour les banques ne tombent pas du ciel mais de la BRI. Par glissement sémantique, les professionnels en parlent donc en disant « Bâle I » (les règles

---

2. Les réserves officielles, pas les réserves obligatoires des banques sur leurs comptes à la banque centrale.

publiées en 1988), Bâle II (2004), ou encore Bâle III (2010). Un peu comme on dit que « Bruxelles » a décidé ceci ou cela alors que tous les Bruxellois ne se sont pas concertés dans un café pour prendre des décisions à notre sujet. Nous sommes donc dans l'ère de Bâle III.

Ce qui est très fort c'est que la BRI n'a aucun pouvoir pour obliger qui que ce soit à suivre ses recommandations. Aucune loi n'oblige à lui obéir. Mais elle possède une autorité morale telle que cela suffit. De fait, comme ce sont les responsables des banques centrales qui ont établi ces recommandations ensemble, inévitablement, ils ont tendance à les mettre en œuvre et à en faire des obligations légales une fois de retour au pays. Et comme le comité réunit les banquiers centraux de 27 pays (28 juridictions en incluant l'Union Européenne) et qu'il dialogue quand même avec ceux qui ne sont pas dans le club, les recommandations devenues règles se propagent à la quasi-totalité du système. Ceux qui ne voudraient pas y adhérer sont un peu obligés de proposer mieux ou d'accepter d'être mis à l'écart. Vous avez le droit de ne pas vouloir faire vacciner votre enfant, mais ne vous étonnez pas si les parents des autres évitent le contact.

Cela dit, quand je dis « système », je ne parle que de celui qui est officiel. Vous avez sûrement déjà croisé le terme de « finance de l'ombre » ou « *shadow banking* » dans sa version anglaise. Le terme est péjoratif mais n'englobe pas que des acteurs du côté obscur de la force financière. Le *shadow banking*[3] inclut tout ce qui joue le rôle d'intermédiaire financier, fait des prêts à d'autres, mais n'arbore pas la casquette officielle de banquier. Cela va de votre Tatie qui vous prête 1.000 euros, aux prêteurs sur gages usuriers, en passant par les fonds d'investissement. La première est gentille, les seconds non, les derniers peuvent être aussi largement supervisés par leurs propres autorités de régulation (typiquement, les fonds monétaires). Mais aucun d'entre eux n'est surveillé par la banque centrale locale qui faute de pouvoir préciser qui, où et combien, ne peut influer sur leurs comportements. Ce qui l'embête un peu. De fait, on a déjà du mal avec ceux qui sont régulés, alors si on ajoute les électrons libres, par exemple un fonds spéculatif (*Hedge Fund*) qui emprunte et prête ici ou là, ce n'est pas de la rigolade.

---

3. Navrée, Monsieur Toubon, mais le terme est beaucoup plus usité en anglais.

Pour faire intelligent(e) dans les dîners

La BRI compte cinq autres comités qui planchent et recommandent à tout va sur les questions relatives aux marchés financiers, aux infrastructures de marchés et de paiements.

La BRI héberge également d'autres groupes de travail indépendants comme elle a hébergé les rencontres de nos banquiers centraux à l'époque où ils n'en étaient qu'à envisager de faire politique monétaire commune et que « Bruxelles » n'existait pas (Bruxelles-Banque Centrale, pas Bruxelles-ville).

AVANT DE NOUS DIRE ADIEU...

Terminus !
Tout le monde descend !

C'est donc à Bâle (Basel, etc.) que s'achève notre périple. Tous les passagers sont invités à descendre. N'oubliez pas vos bagages qui, mine de rien, sont plus lourds qu'ils n'en ont l'air. Nous avons vu, entre autres et en vrac, que l'inflation était une taxe sur les citoyens, mais qu'on aimerait parfois être un peu plus taxé ; que l'argent poussait dans les banques à qui en fait on prêtait notre argent ; qu'il était peut-être temps de s'inquiéter à propos de notre dette ; que le sauvetage des banques leur coûtait très cher ; que le FMI n'était pas Capitaine Flam et que c'était très mal d'attaquer une devise, mais ça, vous le saviez sûrement déjà.

Nous n'en savons pas plus sur la Théorie de l'Équilibre Général et Partiel ni sur les différences fondamentales entre un adepte de l'école Classique et un disciple des Néo-classiques mais ce n'était pas le but et vous ne pouvez pas dire que je ne vous avais pas prévenu(e)s. Relisez l'introduction avant de venir ronchonner. Ceci dit, si vous en êtes arrivé(e)s à vous poser cette question, vous m'en voyez ravie même s'il est peu probable que cela soit de mon fait puisque je ne pense pas en avoir parlé nulle part dans ce livre. Il en existe d'ailleurs quantité d'autres qui détaillent ces sujets sous toutes les coutures et je vous invite à les consulter. Pensez à m'écrire après pour m'expliquer. Ah ! Et je veux bien aussi une fiche de lecture du *Capital* de Marx.

Quoi qu'il en soit, mon but était de vous convaincre que « l'économie » est un sujet sur lequel cela vaut la peine de se pencher de temps à autres.

Pas forcément tout le temps, et pas uniquement, mais quand même un peu, parce que nous sommes tous clients d'une banque, que nous utilisons tous de l'argent (si vous me dites que vous, non, c'est que vous avez volé ce livre et, bon, ce n'est pas malin de venir me le dire), et surtout, parce que beaucoup d'entre nous avons la joie de pouvoir partager des repas familiaux.

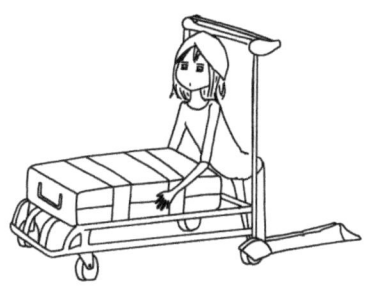

À ce propos… Je ne voudrais pas vous laisser désarmé(e)s pour faire face au prochain. Avant que nos chemins se séparent, accordez-moi donc ce petit commentaire moralisateur : ce n'est pas MAL que quelqu'un ne pense pas comme vous, même si c'est votre beau-frère. Peut-être n'avez-vous pas la même compréhension du sujet, ou peut-être que (au moins) l'un de vous répète des bribes d'informations piochées ici ou là mais pas dans le bon ordre.

Il va de soi que l'on peut être en désaccord en dépit d'hypothèses de départ communes, simplement parce que c'est comme ça. Et ce n'est pas MAL non plus, tant que vous croyez tous sincèrement aux opinions que vous défendez et pas que vous jouez de votre mauvaise foi pour justifier des théories farfelues. Au risque de froisser quelques personnes, l'économie n'est pas une science dure comme le sont les mathématiques mais une science sociale dont l'un des paramètres les plus importants est l'être humain. Il entre dans les données de départ, il en subit les résultats, c'est dire ! Et l'économie n'est pas la seule discipline où s'affrontent les points de vue les plus divergents.

L'homme est-il naturellement bon ou mauvais ?

Plutôt bon pour Rousseau, plutôt mauvais pour Voltaire[1].

D'où vient l'univers ?

Personne n'a la preuve ultime, mais beaucoup ont la foi.

D'où vient l'argent ?

De nulle part. Sur ce point en particulier, j'espère que ce livre pourra vous réunir et apaiser vos réunions familiales.

---

1. Les philosophes me pardonneront le raccourci, j'ai fait une filière scientifique.

Maintenant, si votre objectif est clairement de pourrir l'ambiance parce que vous sentez qu'une bonne petite dispute vous permettrait, par exemple, d'esquiver le prochain baptême du neveu (et la traversée du pays dans les deux sens qui va avec), voire de caser sur la fin une vieille rancœur que vous trainez, je ne suis pas là pour juger. Dans l'idéal, haussez le ton et essayez de placer le mot « débile » au moment que vous estimerez le plus (in)opportun. Si tel était votre but, je vous saurai gré de me laisser en dehors de vos histoires et de ne surtout mentionner ni mon nom, ni le titre de cet ouvrage à cette occasion. Je veux bien vous donner des pierres pour vous aider à vous bâtir un petit savoir, pas pour que vous les lanciez sur les autres.

Voilà. J'espère que vous aurez pris autant de plaisir à lire ce livre que j'en ai eu à l'écrire. J'espère surtout qu'il vous aura permis de démystifier ce sujet un peu intimidant que les formules alambiquées des spécialistes n'aident pas franchement à approcher. Comme le répétait Alan Greenspan, ancien directeur de la banque centrale américaine : « Si vous avez compris ce que j'ai dit, c'est que je me suis mal exprimé ». Il avait l'air de trouver ça malin.

Sur ces bonnes paroles pas du tout méprisantes, je vous souhaite à tous d'excellents dîners-disputes.

RÉFÉRENCES

Anonyme. « Greece requests loan from World Bank, Politico reports ». *ekathimerini.com*, mars 2017. Disponible sur Internet : <http://www.ekathimerini.com/216598/article/ekathimerini/news/greece-requests-loan-from-world-bank-politico-reports> (consulté le 6 mars 2017)

Anonyme. « Australian Craig Wright claims to be Bitcoin creator ». *bbc.com*, mai 2016. Disponible sur Internet : <http://www.bbc.com/news/technology-36168863> (consulté le 22 mars 2017).

Bank for International Settlements. *Basel Committee Membership*. In Bank for International Settlements [en ligne]. Disponible sur Internet : <http://www.bis.org/bcbs/membership.htm> (consulté le 20 février 2017).

Bank for International Settlements. *Banking services for central banks*. In Bank for International Settlements [en ligne]. Disponible sur Internet : <https://www.bis.org/banking/> (consulté le 29 janvier 2017).

Bank for International Settlements. *Basel III: international regulatory framework for banks*. In Bank for International Settlements [en ligne]. Disponible sur Internet : <http://www.bis.org/bcbs/basel3.htm> (consulté le 20 février 2017).

Banque de France. *Cadre opérationnel de la politique monétaire*. In Bienvenue sur Banque de France [en ligne]. Disponible sur Internet : <https://www.banque-france.fr/page-sommaire/cadre-operationnel-de-la-politique-monetaire> (consulté le 14 mars 2017).

Banque de France. *Calendrier 2017 mensuel*. In Bienvenue sur Banque de France [en ligne]. Disponible sur Internet : <https://www.banque-france.fr/sites/default/files/media/2017/01/03/calendrier-2017-mensuel.pdf > (consulté le 14 mars 2017).

Banque Centrale Européenne. *Sur le fonctionnement du programme d'achats d'actifs de la BCE*. In A Propos de la Banque Centrale Européenne [en ligne]. Disponible sur Internet : <https://www.ecb.europa.eu/explainers/tell-me-more/html/app.fr.html> (consulté le 14 mars 2017).

Banque Centrale Européenne. *Official interest rates*. In European Central Bank [en ligne]. Disponible sur Internet : <https://www.ecb.europa.eu/home/html/index.en.html> (consulté le 14 novembre 2016).

Banque Centrale Européenne. *Introduction*. In European Central Bank [en ligne]. Disponible sur Internet : <https://www.ecb.europa.eu/mopo/intro/html/index.en.html> (consulté le 6 février 2017).

Banque Centrale Européenne. *Asset purchase programmes*. In European Central Bank [en ligne]. Disponible sur Internet : <https://www.ecb.europa.eu/mopo/implement/omt/html/index.en.html> (consulté le 14 mars 2017).

Banque Centrale Européenne. *Foreign exchange reserves and operations of the Eurosystem*. Bruxelles: Banque Centrale Européenne, ECB Monthly Bulletin January 2000, 7 p. Disponible sur Internet : <https://www.ecb.europa.eu/pub/pdf/other/pp51_57_mb200001en.pdf?4e79c774d-63f15a7f6e9df90cc0cb681> (consulté le 28 janvier 2017).

Banque Centrale Européenne. *La Banque Centrale Européenne, L'Eurosystème, le Système Européen*. Bruxelles : Banque Centrale Européenne, 2011, 36 p. Disponible sur Internet : <https://www.ecb.europa.eu/pub/pdf/other/escb_fr_webfr.pdf> (consulté le 23 janvier 2017).

Banque Centrale Européenne. *Rapport Annuel 2015*. 232 p. Disponible sur Internet : <https://www.ecb.europa.eu/pub/html/index.en.html> (consulté le 31 janvier 2017).

Banque Mondiale. *Rapport Annuel 2016*. 71 p. Disponible sur Internet : <http://www.banquemondiale.org/> (consulté le 25 janvier 2017).

CPSS-IOSCO. *Principles for financial market infrastructures*. Bâle : Bank for International Settlements et Madrid : International Organization of Securities Commissions, 2012, 188 p. Disponible sur Internet : <http://www.bis.org/cpmi/publ/d101a.pdf> (consulté le 14 août 2016).

DAMGE Mathilde. « Qui accepte de payer pour prêter ». *lemonde.fr*, mars 2016. Disponible sur Internet : <http://www.lemonde.fr/les-decodeurs/article/2016/03/10/taux-negatifs-qui-accepte-de-payer-pour-preter_4880059_4355770.html> (consulté le 27 janvier 2017).

DAMODARAN Aswath. « Negative Interest Rates: Impossible, Unnatural or Just Unusual ? ». *seekingalpha.com*, mars 2016. Disponible sur Internet : <http://seekingalpha.com/article/3957855-negative-interest-rates-impossible-unnatural-just-unusual> (consulté le 27 janvier 2017).

DOSTALIER Gilles. « Le 'prix Nobel d'économie' : une habile mystification ». *alternatives-economiques.fr*, juillet 2005. Disponible sur Internet : <http://www.alternatives-economiques.fr/prix-nobel-deconomie-une-habile-mystification/00031266> (consulté le 25 janvier 2017).

Direction de l'Information Légale et Administrative. *Qu'est-ce que la charge de la dette ?* In Vie publique : au cœur du débat public [en ligne]. Disponible sur Internet : <http://www.vie-publique.fr/decouverte-institutions/finances-publiques/ressources-depenses-etat/depenses/qu-est-ce-que-service-dette.html> (consulté le 20 février 2017).

EMMI. *Consultative Paper on Enhancements to the Eonia Benchmark*. Bruxelles : European Money Markets Institute, 2016, 22 p. Disponible sur Internet : <https://www.emmi-benchmarks.eu/assets/files/D0200E-2016-Eonia%20Consultation%20Paper.pdf> (consulté le 16 mars 2017).

EURIBOR-EBF. *Euribor-EBF response to the European Parliament public consultation on Market Manipulation: Lessons and Reform post Libor/Euribor by ECON*. Bruxelles : European Banking Federation, 2012, 9 p. Disponible sur Internet : <https://www.emmi-benchmarks.eu/assets/files/D1655B-2012-Euribor-EBF%20response%20to%20the%20EP%20Consultation%20on%20Market%20manipulation.pdf> (consulté le 20 février 2017).

EUROSTAT-OECD. *Eurostat-OECD Methodological Manual on Purchasing Power Parities*. Eurostat Methodologies and Working Papers, 2012, 448 p. Disponible sur Internet : <https://www.oecd.org/std/prices-ppp/PPP%20manual%20revised%202012.pdf> (consulté le 29 janvier 2017).

FARGEOT Claire et MARRAS Graziella. *Comment Letter on the European Commission's "Green Paper on Shadow Banking"*, CFA Institute, 2012. Disponible sur Internet : <https://www.cfainstitute.org/Comment%20Letters/20120615.pdf> (Consulté le 25 janvier 2017).

Fonds Monétaire International. *Rapport Annuel 2016*. 130 p. Disponible sur Internet : <http://www.imf.org/external/french/> (consulté le 29 janvier 2017).

France Diplomatie. *Qu'est-ce que le G8 ?* In France Diplomatie – MAEDI [en ligne]. Disponible sur Internet : <http://www.diplomatie.gouv.fr/fr/politique-etrangere-de-la-france/diplomatie-economique-et-commerce-exterieur/peser-sur-le-cadre-de-regulation-europeen-et-international-dans-le-sens-de-nos/faire-de-la-regulation-internationale-un-atout-pour-l-economie-francaise/article/qu-est-ce-que-le-g8> (consulté le 20 mars 2017).

France Diplomatie. *Qu'est-ce que le G20 ?* In France Diplomatie – MAEDI [en ligne]. Disponible sur Internet : <http://www.diplomatie.gouv.fr/fr/politique-etrangere-de-la-france/diplomatie-economique-et-commerce-exterieur/peser-sur-le-cadre-de-regulation-europeen-et-international-dans-le-sens-de-nos/faire-de-la-re-

gulation-internationale-un-atout-pour-l-economie-francaise/article/qu-est-ce-que-le-g20> (consulté le 20 mars 2017).

KHARIF Olga. « A $50 Million Heist Unleashes HighStakes Showdown in Blockchain ». *Bloomberg.com*, juin 2016. Disponible sur Internet : <https://www.bloomberg.com/news/articles/2016-06-23/a-50-million-heist-unleashes-high-stakes-showdown-in-blockchain> (consulté le 23 juin 2016).

International Monetary Fund. *Balance of Payments Manual*. Sixth Edition, Washington D.C.: International Monetary Fund, 2010, 451 p. édition Kindle.

International Monetary Fund. *Where the IMF Gets Its Money*. In IMF – International Monetary Fund Homepage [en ligne]. Disponible sur Internet : <http://www.imf.org/external/np/exr/facts/finfac.htm > (consulté le 24 janvier 2017).

International Monetary Fund. *Financement des prêts concessionnels du FMI aux pays à faible revenu*. In IMF – International Fund Homepage [en ligne]. Disponible sur Internet : <http://www.imf.org/fr/About/Factsheets/Sheets/2016/08/01/16/04/Financing-the-IMFs-Concessional-Lending-to-Low-Income-Countries> (consulté le 9 février 2017).

International Monetary Fund. *Assessing Reserve Adequacy*. Washington D.C.: International Monetary Fund, IMF Policy Papers, 2011, 49 p. Disponible sur Internet : <https://www.imf.org/external/np/pp/eng/2011/021411b.pdf> (consulté le 22 janvier 2017).

INSEE. *Définition – Prix à la consommation harmonisé (Indice des) / IPCH*. In Insee – Institut national de la statistique et des études économiques [en ligne]. Disponible sur Internet : <https://www.insee.fr/fr/metadonnees/definition/c1126> (consulté le 6 février 2017).

INSEE. *Source – Indice des prix à la consommation / IPC*. In Insee – Institut national de la statistique et des études économiques [en ligne]. Disponible sur Internet : <https://www.insee.fr/fr/metadonnees/source/s1308> (consulté le 2 février 2017).

Le Conseil des Communautés Européennes. *Décision du Conseil, du 21 avril 1975, relative à la définition et à la conversion de l'unité de compte européenne utilisée pour exprimer les montants des aides figurant à l' article 42 de la convention ACPCEE de Lomé*. JO du 24 avril 1975, 2 p.

Le Conseil des Gouverneurs de la Banque Centrale Européenne. *Orientation de la Banque Centrale Européenne du 3 novembre 1998 modifiée par l'orientation du 16 novembre 2000 relative à la composition et à la valorisation des avoirs de réserve de change et aux modalités de leur transfert initial ainsi qu'à la dénomination et à la rémunération des créances équivalentes*. JO du 30 décembre 2000, 4 p.

MAKOUJY Rick. *How to Read a Balance Sheet*, New York, NY : McGraw-Hill Education, 2010, 209 p, édition Kindle.

McLEAY Michael, RADIA Amar et THOMAS Ryland. *Money creation in the modern economy*. London, UK : Bank of England, Quaterly Bulletin, 2014-Q1, 14 p. Disponible sur Internet : <http://www.bankofengland.co.uk/publications/Documents/quarterlybulletin/2014/qb14q1prereleasemoneycreation.pdf> (consulté le 31 janvier 2017).

MALLABY Sebastian. *More Money Than God: Hedge Funds and the Making of the New Elite*. London, UK : Bloomsbury Publishing PLC, 2011, 496 p.

Nobel Prize Organization. *All Prizes in Economic Sciences*. In The Official Web Site of the Nobel Prize [en ligne]. Disponible sur Internet : <https://www.nobelprize.org/nobel_prizes/economic-sciences/laureates/> (consulté le 20 février 2017).

UNGERER Horst, EVENS Owen, et NYBERG Peter. *The European Monetary System : The Experience, 1979-82*. Washington, D.C. : International Monetary Fund, 1983, 92 p. édition Kindle.

OCDE, Organisation de Coopération et de Développement Economiques. *Rapport du Secrétaire Général aux Ministres 2015*. 123 p. Disponible sur Internet : <http://www.oecd-ilibrary.org> (consulté le 14 février 2017).

OMC, Organisation Mondiale du Commerce. *Rapport Annuel 2016*. 194 p. Disponible sur Internet : <https://www.wto.org/> (consulté le 29 janvier 2017).

PANAGARIYA Arvind. « The World Bank under Fire ». *blogs.economictimes.indiatimes.com*, avril 2000. Disponible sur Internet : <http://www.columbia.edu/~ap2231/ET/et12-april00.htm> (consulté le 23 janvier 2017).

PETTIFOR Ann. « Central Banking, State Capitalism, and the Future of the Monetary System». *cfapub.org*, Fourth Quarter 2014, 10 p. Disponible sur Internet : <http://www.cfapubs.org/doi/pdf/10.2469/cp.v31.n4.22> (consulté le 25 janvier 2017).

RAMLOGAN Parmeshwar et FRITZ-KROCKOW Bernhardt. *International Monetary Fund Handbook: Its Functions, Policies, and Operations*. Washington D.C.: International Monetary Fund, 2007, 336 p. édition Kindle.

ROCHFORD Jonathan. « Why Banks Fail: The Definitive Guide to Solvency, Liquidity and Ratios». *valuewalk.com*, 2016. Disponible sur Internet : <http://www.valuewalk.com/wp-content/uploads/2016/08/WhyBanksFail16Aug16.docx.pdf> (consulté le 16 août 2016).

SAMOFALOVA Olga. « BRICS countries to set up their own IMF ». *rbth.co.uk*, avril 2014. Disponible sur Internet : <http://services.rbth.ru/business/2014/04/14/brics_countries_to_set_up_their_own_imf_35891.html> (consulté le 23 janvier 2017).

SHEARD Paul. *Repeat After Me: Banks Cannot and Do Not "Lend Out" Reserves*. Standard & Poor's Ratings Services, Economic Research, 2013, 15 p. Disponible sur Internet : <https://www.kreditopferhilfe.net/docs/S_and_P__Repeat_After_Me_8_14_13.pdf > (consulté le 16 février 2015).

The International Olympic Committee. *France – Comité National Olympique (CNO)*. In Jeux Olympiques de Rio 2016 – Programme, médailles, résultats et actualités [en ligne]. Disponible sur Internet : <https://www.olympic.org/fr/france> (consulté le 20 février 2017).

The International Olympic Committee. *Etats-Unis d'Amérique – Comité National Olympique (CNO)*. In Jeux Olympiques de Rio 2016 – Programme, médailles, résultats et actualités [en ligne]. Disponible sur : <https://www.olympic.org/fr/etats-unis-d-amerique> (consulté le 20 février 2017).

United Nations. *Non-Observed Economy in National Accounts*. United Nations Economic Commission for Europe, 2003, 271 p. Disponible sur Internet : <http://ec.europa.eu/eurostat/ramon/statmanuals/files/non_observed_economy.pdf> (consulté le 20 février 2017).

L'auteur

Dans la vraie vie, et avec son vrai nom, l'auteur est une personne super sympa qui n'aime pas se prendre la tête, ni celle des autres d'ailleurs.

Un peu obligée de comprendre des choses pas super *fun* de prime abord pour gagner sa croûte, elle s'est dit, au passage, que cela pouvait être très utile à tout un tas de personnes. Peut-être même à vous.

Alors, au cas où, et après avoir écrit *Mon Argent et ma Banque : les clés pour mieux comprendre*, et *Quelle est la différence entre une Action et une Obligation*, elle a aussi écrit celui-ci.

On dit merci.

©2017, Louise Parde

Éditeur: BoD - Books on Demand,

12/14 rond-point des Champs Élysées, 75008 Paris

Impression: BoD-Books on Demand, Norderstedt, Allemagne

ISBN : 978-2-322-08247-6

Dépôt Légal : septembre 2017